Hermann Goethe/Rudolph Goethe

# Atlas der Traubensorten

# ATLAS

der

# für den Weinbau Deutschlands und Oesterreichs

# werthvollsten Traubensorten

mit genauer Beschreibung der Eigenschaften, Cultur-Methoden und des Schnittes, der Anforderungen an Lage und Boden und Angabe des Vorkommens, der Verbreitung, der Literatur-Citate, der Synonyme etc.

Herausgegeben

von

**Herrmann Goethe**
Director der steiermärkischen Landes-Obst- & Weinbauschule
zu *Marburg* in Steiermark.

**Rudolph Goethe**
Director der Kaiserlichen Obstbauschule Grafenburg
bei *Brumath* im Elsass.

Mit 30 naturgetreuen Abbildungen in Farbendruck.

---

Commissionsverlag von Faesy & Frick, k. k. Hofbuchhandlung in Wien.

Farbendruck von A. Gatternicht, lithographische Kunst-Anstalt in Stuttgart.

Druck der Kgl. Hofbuchdruckerei von E. Greiner in Stuttgart.

Hermann Goethe/Rudolph Goethe

# Atlas der Traubensorten

Mit einem Kommentar von
Hans Ambrosi und Joachim Schmid

Manuscriptum

Nachdruck der Originalausgabe von 1874–1876 nach einem Exemplar aus Privatbesitz.
Text und Tafeln wurden auf 60 % verkleinert.

ISBN 3-933497-68-X


Einbandgestaltung: Achim Schmidt, Bochum
2. Auflage 2004

# Vorwort.

Der Geist des Fortschrittes, welcher in neuerer Zeit die weinbautreibenden Landestheile Deutschlands und Oesterreichs durchweht, ist der Ausdruck eines allgemeinen Bedürfnisses nach Förderung und Verbesserung der Weinkultur; er dient als Beleg dafür, dass der richtige Sinn des Volkes den grossen Werth und die hohe Bedeutung dieses so wichtigen Kulturzweiges vollkommen zu würdigen versteht und alles mit Freuden anerkennen wird, was zur Hebung und Unterstützung dieses Aufschwunges beitragen kann.

Mancherlei ist schon auf diesem Gebiete geschehen, überall werden Weinbauschulen gegründet, um sowohl in praktischer als theoretischer Beziehung eine bessere Ausbildung der zukünftigen Generation anzubahnen. Versuchsstationen für Weinbau entstanden, um die bisherigen praktischen Erfahrungen wissenschaftlich zu bearbeiten und auf Grund der erzielten Resultate weiter zu bauen. Wanderversammlungen strebsamer Weinproducenten, Weinbau-Vereine und Genossenschaften, sowie Sektionen für Weinbau tragen dazu bei, die Forschungen Einzelner zum Gemeingut Mehrerer zu machen und durch das lebendige Wort auf Förderung dieses Kulturzweiges anregend einzuwirken, während spezielle Zeitschriften für Weinbau und Weinbehandlung theils in praktischer Richtung (**Die Weinlaube**, herausgegeben von A. W. Freiherrn v. Babo, redigirt von Dr. A. Zuchristan), theils in wissenschaftlicher Weise (**Annalen der Oenologie**, herausgegeben von Dr. A. Blankenhorn und Dr. L. Rössler) durch die Schrift in weiteren Kreisen die Wein-Kultur und Produktion befördern.

So hat sich auf dem Felde des Weinbaues eine Thätigkeit entwickelt, welche unaufhaltsam vorwärts schreitet und durch Beantwortung schwieriger Fragen in Theorie und Praxis die rationelle Kultur immer mehr vervollkommnet.

Einer der wichtigsten und doch in neuerer Zeit etwas vernachlässigten Zweige des Weinbaues ist die **Ampelographie**, die Lehre von der Kenntniss der einzelnen Rebsorten. Freilich ist die Zahl derer, welche sich mit diesem Studium befassen, eine kleine, ein Umstand, welcher wohl mit der Schwierigkeit des Studiums selbst in engem Zusammenhang steht. Und doch ist es ohne die Ampelographie nicht möglich, die Wein-Kultur eines Landes erfolgreich zu heben. Gleichwie bei dem Ackerbau richtige Auswahl eines guten Samens oder werthvoller Pflanzen die erste Bedingung eines entsprechenden Erträgnisses ist, so muss sich auch der Weinbauer eine genaue und sorgfältige Auswahl geeigneter Traubensorten bei der Anlage seiner Weingärten zur ersten Pflicht machen. Alle mündlichen oder schriftlichen Verhandlungen und Arbeiten über den Werth der verschiedenen Traubensorten können sich indessen nur auf eine einheitliche Benennung und genaue Kenntniss dieser Sorten gründen. Man kann daher den neuesten Beschluss des Oenologen-Congresses auf der Wiener Weltausstellung, eine ständige internationale ampelographische Commission zur Behandlung dieser Fragen zu errichten, nur mit Freuden begrüssen.

Schon im vorigen Jahrhundert begannen die Bestrebungen auf dem Gebiete der Sortenkenntniss; es erschienen verschiedene Werke, die den Grund zu diesem Studium legten; Männer, wie Freiherr v. Mascon und Dr. Edler v. Vest, bauten weiter, und Metzger, v. Babo, Bronner, v. Gock, Single, Trummer und Schams lieferten unter Aufwand unendlich vieler Mühe und jahrelanger Arbeiten wesentliche Beiträge dazu.

In voller Würdigung der Thatsache, dass eine gute Abbildung das Erkennen einer Rebsorte weit mehr erleichtert, als die beste und genaueste Beschreibung, fügten Metzger und v. Babo, sowie v. Gock, Single und in neuerer Zeit die Franzosen und Italiener (vergl. die Zusammenstellung der einschlägigen Literatur am Schluss der Einleitung) ihren Werken kolorirte Lithographieen der einzelnen Sorten bei. Wenn diese Abbildungen nicht ganz entsprochen haben und grösstentheils weit hinter der Natur zurückblieben, so dürfen wir die Schuld davon nicht jenen hochverdienten Männern zuschreiben, welche der Sache ihr ganzes Leben widmeten, sondern wir müssen den Grund dieses Uebels in der zu jener Zeit noch unvollkommenen Darstellungsweise farbiger Abbildungen suchen.

Diese Lücke nach besten Kräften auszufüllen, ist der Zweck vorliegenden Werkes, welches die einzelnen Sorten in natürlicher Grösse und Farbe auf das Getreueste darstellen soll, so dass der Beschauer ein unverlöschliches charakteristisches Bild erhält, welches sich seinem Gedächtniss tief einprägt.

Der grosse Werth einer getreuen Abbildung wird wohl von Niemand in Frage gestellt werden können. Ein Traubenbild macht uns sogleich beim ersten Anblick mit den Eigenthümlichkeiten, dem Charakter der Sorten bekannt und ist ein herrliches Mittel für den Anschauungsunterricht der heranzubildenden Jugend, wodurch Lust und Liebe zum Gegenstand erweckt werden kann.

Das Bild spricht in einer Jedermann verständlichen Sprache zu dem, welcher es beschaut, lässt keine falsche Deutung zu, kann vom Praktiker wie vom Gelehrten mit gleichem Vortheil benützt werden und ist somit für die Bildung einer internationalen Ampelographie gewiss die beste, allgemeinste und sicherste Grundlage.

Die Unterzeichneten sind durch ihre Stellung in der glücklichen Lage, in jeder Beziehung meisterhafte Originale in ihren umfangreichen Rebensortimenten und Sammlungen theils zu besitzen, theils noch weiter zu erhalten, und haben Gelegenheit, die in ihrer Art einzig dastehende Sammlung von nach der Natur gemalten Traubensorten, welche die k. k. Landwirthschafts-Gesellschaft für Steiermark zur Zeit Trummers von tüchtigen Malern in Graz während eines Zeitraums von zwanzig Jahren anfertigen liess, zu vergleichen und zu verwenden.

Die Ausführung des Farbendruckes ist der in dieser Richtung bedeutendsten Firma Deutschlands, A. Gatternicht in Stuttgart, anvertraut, welche Alles aufbieten wird, damit das Werk ein möglichst gelungenes werde. Die Herausgeber rechnen bei diesem sehr kostspieligen, mühsamen Unternehmen auf die thatkräftige Unterstützung der Weinbau treibenden Bevölkerung Deutschlands, Oesterreichs und aller der Länder, welche unter gleichen oder ähnlichen Verhältnissen der Weinkultur obliegen.

Die zu wählenden Sorten werden, wie schon der Prospect sagt, die für den Weinbau Deutschlands und Oesterreichs wichtigsten Traubengattungen repräsentiren. Auf jeder Abbildung wird ein Stück Rebholz dargestellt sein, auf welchem sich in natürlicher Gruppirung ein oder zwei vollkommen ausgebildete Trauben und zwei Blätter, das eine mit der Oberseite, das andere mit der Unterseite sichtbar, befinden. Das völlig ausgereifte Rebholz, sowie die jungen Triebspitzen der Ruthen für die abgebildeten Sorten sollen am Schluss des Werkes auf besonderen Tafeln in vergleichender übersichtlicher Weise neben einander abgebildet werden.

Eine Zusammenstellung nach dem einen oder dem andern Systeme wurde unterlassen, da in den Beschreibungen angegeben sein wird, welche Stelle die betreffende Sorte in den Klassifikationen von L. v. Babo und Trummer einnimmt.

Die bei den Beschreibungen citirten und bei der Anfertigung der Abbildungen benutzten ampelographischen Werke sind folgende:

Freiherr **L. v. Babo.** Der Weinstock und seine Varietäten. Beschreibung und Synonymik der vorzüglichsten in Deutschland kultivirten Wein- und Tafeltrauben, mit Hinweisung auf die bekannten Rebsorten anderer europäischer Weinländer bearbeitet und nach einem neuen System classificirt. Frankfurt a. M. 1857. H. L. Brönner.

Freiherr **L. v. Babo** und **J. Metzger.** Die Wein- und Tafeltrauben der deutschen Weinberge und Gärten, nebst einem Atlas von 72 fein kolorirten Tafeln in Folio. Stuttgart 1851. Fr. Köhler.

**J. Th. Bronner**, Apotheker und Weingutsbesitzer in Wiesloch. Der Weinbau in Deutschland, vollständig dargestellt in 7 Heften mit vielen Tafeln. 1833—1842. C. F. Winter; sowie dessen „Weinbau und Weinbereitung in der Champagne.“

**Joh. Burger.** Systematische Klassifikation und Beschreibung der in den österreichischen Weingärten vorkommenden Traubensorten mit den charakteristischen Merkmalen der Gattungen und Arten, ihren wissenschaftlichen und ortsüblichen Benennungen und den besonderen Eigenschaften der Trauben und des aus ihnen gekelterten Weines. Wien 1837. Carl Gerold.

**Dr. Simon Roxas Clemente.** Versuch über die Varietäten des Weinstocks in Andalusien (aus dem Französischen übersetzt durch Anton Albert Freiherr v. Mascon). Graz 1821. Fr. Ferstl.

**Johann Georg Dittrich.** Systematisches Handbuch der Obstkunde, Band III, enthaltend die Weintrauben. 1841. Jena. Fr. Mauke.

**J. Dornfeld**, Finanzrath. Der rationelle Weinbau. II. Ausgabe. Heilbronn. Albert Scheuerlen. 1869.

**C. F. v. Gock.** Die Weinrebe und ihre Früchte, oder Beschreibung der für den Weinbau wichtigeren Weinrebenarten nach einem naturgemässen Klassifikationssystem. Ein Beitrag zur Naturkunde des Weinstocks nebst Atlas mit 30 nach der Natur gemalten Abbildungen von Fr. Seubert. Stuttgart. 1836 G. Ebner.

**Franz Ritter v. Heintl.** Der Weinbau des österreichischen Kaiserthums. 2 Bände. 1821 und 1835. Auf Kosten des Verfassers.

**B. Kölges.** Bibliothek der gesammten Weinbau-, Weinbereitungs- und Weinerziehungskunde, erläutert durch die bewährtesten Grundsätze der vegetabilisch-organischen Chemie. 1848. Frankfurt a. M. J. D. Sauerländer.

**Le comte Odart.** Ampelographie universelle ou traité des cepages les plus estimés dans tous les vignobles de quelque renom. Ière édit. Tours. Comturier. 1845. Vème édit. Paris, à la librairie agricole. Tours. Chez les principaux libraires. 1862.

**Felix Rassat** und **G. Falchetti.** Abbildungen italienischer Traubensorten. Torino. 1873. Lit. F. Doyen.

**Victor Rendu.** Ampelographie française, comprenant la statistique, la description des meilleurs cepages, l'analyse chymique du sol et les procédés de culture et de vinification des principaux vignobles de la France. Paris 1857. IIe édit. Victor Masson.

**Franz Schams.** Ungarns Weinbau in seinem ganzen Umfange oder vollständige Beschreibung sämmtlicher berühmter Weingebirge des ungarischen Reichs in statistisch-topographisch-naturhistorischer und ökonomischer Hinsicht. 2 Bände mit 20 Abbildungen. 1832 und 1833. Pest. Otto Wigand.

**Chr. Single.** Abbildungen der vorzüglichsten und hauptsächlichsten Traubensorten Württembergs. Im Auftrag der kgl. württembergischen Centralstelle für die Landwirthschaft herausgegeben, mit 19 Tafeln in Farbendruck, grösstentheils nach Originalzeichnungen Ravensburg 1860. Eugen Ulmer.

Directeur **P. Le Sourd.** Journal de Viticulture pratique. Tome I—IV. Paris et Bruxelles. 1868—1872. Decq.

**J. L. Stoltz.** Ampelographie Rhénane ou description caracteristique, historique, synonymique, agronomique et économique des cepages les plus cultivés dans la vallée du Rhin, depuis Bâle jusqu'à Coblence, et dans plusieurs contrées viticoles de l'Allemagne meridionale. Paris. 1852. Dusacq. et Vve Bouchard-Hussard. Mulhouse. J. P. Risler.

**Franz Trummer.** Systematische Klassifikation und Beschreibung der im Herzogthum Steiermark vorkommenden Rebsorten. Herausgegeben von der k. k. Landwirthschafts-Gesellschaft in Steiermark. Graz. 1841. Mit einem Nachtrag vom Jahr 1855.

**Dr. Lorenz Edler v. Vest.** Versuch einer systematischen Zusammenstellung der in der Steiermark kultivirten Weinreben, mit ihren Diagnosen, mit Beschreibungen und mit einem alphabetischen Index ihrer Synonyme. Graz. 1826. Andreas Leykam.

Die ungarischen Synonyme wurden nach den Angaben des Herrn Dr. Franz Entz, Direktor der Landes-Rebschule zu Ofen, die kroatischen Benennungen nach den Mittheilungen des Herrn Carl Lambl, Direktor der k. land- und forstwirthschaftlichen Lehranstalt zu Kreuz aufgenommen.

Jm November 1873.

**Hermann Goethe,**
Direktor der steiermärkischen Landes-Obst- und Weinbauschule
in **Marburg** a. d. Drau.

**Rudolph Goethe,**
Beeren-Obst- & Rebschulen-Besitzer
in **Cannstatt** a. Neckar.

# INHALT.

Vorwort mit Verzeichniss der bei diesem Werk benutzten und citirten oenologischen und ampelographischen Literatur.

## Reihenfolge der 30 Tafeln Abbildungen

**mit den dazu gehörigen Beschreibungen.**

| Tafel | | Tafel | |
|---|---|---|---|
| I. | Blauer Portugieser. | XVI. | Blauer Kölner. |
| II. | Rother Gutedel. | XVII. | Weisser Elbling. |
| III. | Gelber Muskateller. | XVIII. | Blaue Kadarka. |
| IV. | Blauer Burgunder. | XIX. | Weisser Riessling. |
| V. | Weisser Wälschriessling. | XX. | Blauer Wildbacher. |
| VI. | Ruländer (Rother Burgunder). | XXI. | Gelber Ortlieber. |
| VII. | Blauer Trollinger. | XXII. | Früher blauer Wälscher (Laska). |
| VIII. | Krachgutedel (Weisser Gutedel). | XXIII. | Rother Velteliner. |
| IX. | Müllerrebe. | XXIV. | St. Laurent. |
| X. | Rother Traminer. | XXV. | Rothgipfler. |
| XI. | Grüner Sylvaner. | XXVI. | Blaufränkisch. |
| XII. | Blaue Zimmttraube. | XXVII. | Rother Zierfahndler. |
| XIII. | Weisser Mosler. | A. | Triebspitzen der abgebildeten und beschriebenen Trauben-Sorten. |
| XIV. | Früher rother Velteliner. | B. | |
| XV. | Weisser Burgunder. | C. | |

Abonnenten-Verzeichniss.

# Blauer Portugieser.

(Tafel I.)

**Literatur und Synonyme:** v. Babo (Classific. II. III. 2.) pag. 313 früher bl. Port., blauer Port., Oportorebe; Dornfeld, pag. 40, bl. Port., in Ungarn als Portugiezi, in Croatien als Rana modra kraljevina bekannt; Burger, pag. 60, Garidelia praecox; Single, pag. 41, früher blauer Port., mit Abbildung Taf. 12; Trummer (Classific. C. I. 2.) pag. 166, früher bl. Portugieser, blaue Feslauertraube; v. Vest, pag. 71, Garidelia monopyrena.

## Beschreibung.

**Rebstock** starkwüchsig; einjähriges **Rebholz** sehr kräftig, etwas markig, unten plattgedrückt, oben rund, fein gefurcht, zimmetbraun mit Punkten und dunkleren Streifen. **Knoten** weit auseinander, verdickt, dunkler als das Holz. **Augen** verhältnissmässig klein, oft zugespitzt. **Endspitzen der Sommertriebe** glänzend, gelblich-grün mit einzelnen feinen Haaren; die jüngsten Blätter- und Stengeltheile haben einen roth-bräunlichen Anflug.

**Blätter** gross, dünn, glatt, theils wenig oder gar nicht, theils tief eingeschnitten, meist unregelmässig nach innen verbogen, rund, oben glänzend dunkelgrün, unten glatt und mattglänzend gelblich-grün; verfärben ins Rothe; **Seitenlappen**, wenn vorhanden, einseitig. **Bezahnung** gross, ganz unregelmässig, etwas kuppelförmig; **Knöpfchen** gelb; **Stielbucht** weit, überdeckt, so dass nur eine kleine Oeffnung sichtbar ist, ganz spitzwinklig auslaufend; **Nerven** oben gelbgrün, unten blassgelb; **Blattstiel** rund, mattgrün mit breiten rothen Streifen.

**Traube** mittelgross (am Spalier manchmal sehr gross), dicht, einfach oder mit einigen Aesten versehen; **Traubenstiel** kurz, holzig; **Beerenstielchen** dünn, warzig; **Beere** rund, mittelgross (der engen Stellung wegen oft oval erscheinend), schwarzblau, hell beduftet, mit hellen Rostpunkten; **Narbe** ein wenig vertieft; **Beerenhaut** bei voller Reife dünn; Saft dünnflüssig, süss, angenehm. **Reift** zeitig gleich nach dem frühen blauen Burgunder und vor dem grünen Sylvaner.

**Vorkommen, Kultur und Verwendung.** Der blaue Portugieser gehört zu den besten Frühtrauben und hat in kurzer Zeit eine ausgedehnte Verbreitung gewonnen. Die Ampelographen geben an, dass er von Portugal nach Steiermark und von da nach Niederösterreich, Ungarn und Deutschland gekommen sei. In Vöslau, Matzen und Siebenhirten (Niederösterreich) findet man ihn theils als reinen Satz, theils mit dem ihm verwandten Blaufränkisch (Limberger) gemischt; desgleichen hat man in Württemberg ausgedehnte Anlagen davon. Auch in der Pfalz, am Rhein und in Steiermark wird er neuerdings viel angebaut.

Der Portugieser kommt zeitig zum Tragen und ist sehr fruchtbar, besonders in höheren Lagen und leichtem, trockenem Boden. Wegen seiner frühen Reife pflanzt man ihn mit Vorliebe in weniger günstigen nordwestlichen und nordöstlichen Lagen an, da er an warmen Stellen zu früh reift und von Wespen und Vögeln stark beschädigt wird. Er zeichnet sich durch grosse Genügsamkeit in Bezug auf den Boden aus. In nassen Jahrgängen leidet er am „schwarzen Brenner;“ auch ist das Holz etwas empfindlich gegen den Frost, besonders in niederen Lagen.

In Württemberg schneidet man den Portugieser auf Bögen, in Niederösterreich auf Zapfen; für Spaliere und Rebgänge (zu welchem Zwecke er sich besonders eignet), empfiehlt sich gleichfalls der Zapfenschnitt. Der Stock liefert einen angenehmen dunkelrothen süssen Wein, welcher gemischt mit dem Wein von etwas herberen blauen Trauben die bekannten **Vöslauer Weine** liefert. Er hat in guten Jahrgängen einen Zuckergehalt von 20 bis 25 Procent nach der Klosterneuburger Mostwage, während sich seine Säure meistens zwischen 4 bis 6 pro Mille sich bewegt.

Wegen seinem etwas markigen Holz, welches nicht alle Jahre vollständig reif wird, fällt die Vermehrung in der Rebschule nicht immer sicher aus, weshalb für Neuanlagen mit dieser Sorte Wurzelreben ganz besonders zu empfehlen sind.

Blauer Portugieser.

Taf. I.

# Rother Gutedel.

(Tafel II.)

**Literatur und Synonyme:** v. Babo (Klassifik.: III. III. 3.) pag. 644 als rother Junker, rother Moster, rother Silberling, rothe Frauentraube, Chasselas rouge; Babo-Metzger, pag. 43; Dittrich III. pag. 517; v. Gock, pag. 55 mit Abbildung, Taf. 16; Kölges pag. 298; in Deutschland als rother Schönedel, im Elsass als rother Süssling, rothe Süsstraube, in Frankreich als Chasselas rouge, in Ungarn als Chasselas piros und Vörös Fábián, in Croatien unter dem Namen Crvena plemenika verbreitet; Trummer (Klassifik.: B. I. 2.) pag. 85 als rother Tokayer, rother Spanier, rother spanischer Gutedel.

## Beschreibung.

**Rebstock** von sehr kräftigem Wachsthum. **Rebholz** fein gefurcht, gerade, röthlich braun mit dunkleren Streifen und Punkten, **Knoten** schwach verdickt, abgesetzt. **Augen** stark hervortretend, mit wolliger Spitze und Schuppen. **Triebspitzen** kahl, hellgrün mit bronzefarbigem Anflug.

**Blätter** mittelgross, dick, glatt, meistens rundlich, fünflappig, mehr oder weniger tief eingeschnitten, oben hellgrün, mattglänzend, unten heller, verfärben sich in's Rothe und Gelbe. **Buchten** klein, **Stielbucht** spitzwinklich, an der Mündung meistens gedeckt. **Bezahnung** unregelmässig, gross, kuppelförmig, nach unten gebogen **Endzähne** der Blattlappen sehr gross, spitzig, stark nach unten und zugleich nach aussen verbogen. **Nerven** dünn, heller als die Blattfarbe, borstig mit röthlichem Anflug bis zur Hälfte der Länge. **Blattstiel** ziemlich lang, etwas höckerig, gelbgrün, röthlich überlaufen und gestreift.

**Traube** gross, ziemlich locker, länglich, gleichbeerig. **Traubenstiel** lang, warzig, kahl, hellgrün, mit röthlichem Anflug. **Beerenstiel** kurz, warzig. **Beere** gross, hell- bis dunkelroth (weinroth), durchscheinend, schwach beduftet. **Narbe** gross, vorstehend, braun. **Beerenhaut** dünn. Saft sehr angenehm süss, dünnflüssig. **Reift** noch etwas früher als der weisse Gutedel, fast gleichzeitig mit dem grünen Sylvaner.

**Vorkommen, Kultur und Verwendung.** Er ist wie alle Gutedelarten fast in allen Weinländern als Tafeltraube verbreitet und wird in der neuesten Zeit in reinen Sätzen auch als Keltertraube in Steiermark und Niederösterreich sehr gesucht. Er verlangt einen kräftigen, nicht zu trockenen tiefgründigen Boden, zeichnet sich beim Zapfenschnitt, sowie auf Bögen, an Spalieren und im Weinberg durch grosse, frühzeitig eintretende Tragbarkeit aus und liefert einen leichten, guten, weissen Tischwein, welcher wegen seiner geringen Säure theils rein, theils mit andern Sorten gemischt gekeltert und verwendet wird. Bei nasser, stark wechselnder Witterung zur Zeit der Reife springt er gern auf, und ist dann der Fäulniss unterworfen. In der Nähe grosser Städte wird er als Tafeltraube sehr geschätzt, insbesondere, da er sich auf dem Tansport gut hält und ein ansehnliches Aeussere besitzt.

Der Rebstock leidet in niederen Lagen gern durch Frost, weshalb vorzugsweise die jüngeren Anlagen vor Winter mit Erde behäufelt werden müssen. An Hecken und Spalieren braucht er einen grossen Raum und erreicht bei genügender Kraft des Bodens und entsprechender Düngung ein hohes Alter, während er sich in ärmeren leichteren Bodenverhältnissen sehr schnell erschöpft.

Die Vermehrung des rothen Gutedel ist wie bei den meisten Gutedelarten sicher und leicht, da in der Rebschule fast alle gesunden Schnittreben Wurzeln bilden. Neuanlagen mit Schnittreben gedeihen daher bei einigermassen günstigen Verhältnissen und bei sorgfältiger Auswahl des Rebholzes oft eben so gut, als mit Wurzelreben.

Rother Gutedel.

Taf. II.

# Gelber Muskateller.

(Tafel III.)

**Literatur und Synonyme:** v. Babo (Klassific. III. III. 3), pag. 662 als weisser, grüner und weissgelber Muskateller, weisse Muskattraube in Süddeutschland. Trummer (Klassific. I. 2), pag. 118, als Ranfler, Beli Muscat in Steiermark; Schmeckende in Niederösterreich; Bily Muscatel in Böhmen; Weier Muskatály, Bela Dinka und Muskat beli in Ungarn und Sirmien; Moscata bianca, Moscatello bianco, Moscat bianco in Italien, Moscatel menudo bianco, Moscatel morisco, Zoruna in Spanien; Muscat blanc und commun in Frankreich; Zutimuscat in Croatien. Metzger-Babo, pag. 73 mit Abbildung, Heft III, Taf. XVII; v. Gock, pag. 59 mit Abbildung, Taf. XVIII; Single, pag. 35 mit Abbildung, Taf. 8; Dittrich, pag. 547.

## Beschreibung.

**Rebstock** wächst kräftig. **Rebholz** rothbraun, fein gefurcht, dunkelbraun punktirt, ziemlich markreich, reift schwer aus, erfriert gern und hat 2—4 Zoll weit von einander stehende **Knoten.** **Augen** klein, stark abstehend, meistens ohne Wolle.

**Blätter** rund, mittelgross, lederartig, drei- bis fünflappig, mehr oder weniger tief eingeschnitten, flach, oben hellgrün, unten noch lichter und schwach behaart, an den Zahnrändern mit gelben Flecken und Spitzen versehen. **Bezahnung** gross, spitz, unregelmässig, mit stark hervortretenden Endzähnen an den Blattlappen. **Buchten** schön ausgerundet, mittelgross. **Mittellappen** kurz, auffallend breit. Seitenlappen länglich, oft zweitheilig. **Blattstiel** dick, hellgrün, leicht gestreift und punktirt, nicht ganz so lang als der Hauptblattnerv. **Blätter an den Triebspitzen** hellgrün, schwach bronzirt und mit leichter Wolle überzogen.

**Traube** einfach, gross, länglich, mehr oder weniger dicht. **Traubenstiel** kurz, dick, gelbgrün. **Beerenstielchen** kurz, dünn, warzig. **Beere** gross, rund, gelblich-grün, an der Sonnenseite meistens braungefleckt, grossnarbig, punktirt, dickhäutig und fleischig mit moschusähnlichem starkem Muskatgeschmack. **Beerenhaut** dick. **Reifzeit** etwas spät, nach dem weissen Riesling; im Allgemeinen sehr ungleich.

**Vorkommen, Kultur und Verwendung.** Der gelbe Muskateller kommt an Hecken und Spalieren, sowie in allen Weingärten vereinzelt vor und wird als eine der edelsten und köstlichsten Tafeltrauben geschätzt. In grösserem Maassstabe wird er nur in den südlicheren Weinländern, als Spanien, Italien und Südfrankreich zur Erzeugung von Muskatweinen angebaut. Ausserdem findet man ihn am Genfer See, im Canton Wallis, in Soos bei Baden (Niederösterreich) und vornehmlich in der Nähe von Marburg (Südsteiermark), am Vordernberg und Posrukgebirge in grösserer Anzahl. In der zuletzt erwähnten Weingegend bildet er in guten Lagen oft den überwiegenden Theil des Rebsatzes und hat sich auf dem kalkhaltigen Mergelboden sehr gut bewährt, so dass die Marburger Muskatellerweine in grösserer Menge gewonnen und im Handel hoch bezahlt werden.

Der Muskateller verlangt eine sehr gute, etwas steile warme Lage und einen sehr kräftigen Boden. Man schneidet ihn im Weingarten auf längere Zapfen, an Hecken und Spalieren auf entsprechende Bögen. Er ist etwas empfindlich in der Blüthe, wodurch seine Tragbarkeit oft beeinträchtigt wird und bekommt in ungünstigen Lagen oder geringen Jahren schwarze Flecken an den Beeren (in Steiermark Pikez genannt). Bei anhaltender nasser Witterung springen die Beeren gern auf und faulen. Er ist jedenfalls eine der vorzüglichsten Tafel- und Keltertrauben, welche zum Anbau immer stark begehrt wird. Der Muskatgeschmack entwickelt sich besonders vollkommen, wenn die Gährung auf den Hülsen eingeleitet wird; in guten Jahrgängen kann aus den Trebern der Muskatellertrauben noch ein recht guter Treberwein mit hinlänglichem Muskatgeschmack bereitet werden. Die Muskateller-Ausbruchweine, welche man in Marburg gewinnt, gehören jedenfalls zu den edelsten Producten in dieser Richtung.

Die gewöhnlichen Muskatellerweine behalten ihren aromatischen Geschmack und grossen Werth nur in den ersten Jahren und verlieren ihn dann schnell. Sie eignen sich besonders zum Verschneiden mit anderen bouquetarmen Weinen. In guten Jahren liefern die Muskateller 20 bis 30 % Zucker bei 6 bis 8 ‰ Säure. In geringen Jahrgängen tritt wegen der ungleichen Reife der Trauben die Säure sehr stark hervor.

Gelber Muskateller.

Taf. III.

# Blauer Burgunder.

Tafel IV.

**Literatur und Synonyme.** v. Babo (Klassific. II. II. 3.) pag. 276 als blauer Clävner oder Clevner in Süddeutschland, rother und schwarzer Assmannshäuser, Klebroth, schwarzer Burgunder, schwarzer Riesling, schwarzer Süssling, Süssedel, Süssroth, Süssschwarzer, Möhrchen und Malterdinger am Rhein und in Württemberg, rother Burgunder in der Schweiz und im Elsass; Trummer (Klassific. II. 3) pag. 300 als blauer Nürnberger und Frühblauer in Steiermark; Metzger-Babo pag. 223 mit Abbildung, Heft XII Taf. LXXI; v. Gock, pag. 5 mit Abbild. Taf. 1; Single, pag. 21 mit Abbild. Taf. 3; Stoltz als Moréote noir, pag. 86—92 mit Abbild. Taf. 13; Dittrich, pag. 578. Nach Acerbi in Italien als Pignolo oder Pignola. Nach Schams (I. pag. 134.) in Sirmien als Cerna okrugta Bánka, in Croatien als Modra klevanjka, in Böhmen Raucy male, in Frankreich als Francois noir, Franc Pineau, Morillon noir, Auvernat, Noirien Ternént, Plant doré, Pineau oder Pinot noir, Raisin de Bourgogne und Samoireau, in England als Black Morillon. Nach Rendu (Abbildung pl. 44) pag. 157 auch Gamais.

## Beschreibung.

**Rebstock** hat mässiges Wachsthum. **Rebholz** ziemlich dünn, fest, graubraun gefärbt, dunkler gestreift und russartig schwarzgefleckt. **Knoten** 2 bis 3 Zoll weit von einander stehend und dunkler gefärbt. **Augen** an der Spitze mit bräunlicher oder weisslicher Wolle bedeckt.

**Blätter** mittelgross, rundlich, dick, drei- und fünflappig, rauh, oben dunkelgrün, unten heller, mit mehr oder weniger Wolle bedeckt; sie fallen im Weingarten wie in der Rebschule zeitiger als die der andern Sorten und gleichzeitig mit den Gutedelblättern ab. Verfärben ins Rothe vom Rande an, besonders stark bei älteren, mangelhaft ernährten und kränklichen Stöcken. **Bezahnung** kurz, stumpf, sehr wechselnd und unregelmässig. **Buchten** grösser und weiter bei mageren, kleiner und enger bei guten Bodenverhältnissen, was auch auf die Anzahl der Lappen von Einfluss ist. **Nerven** hellgrün mit röthlichem Anflug, borstig. **Blattstiel** ziemlich so lang als der Hauptblattnerv, dick, grün und roth gestreift. **Blätter an den Triebspitzen** etwas wollig.

**Traube** klein, einfach, seltener ästig, meistens dichtbeerig. **Traubenstiel** kurz, dick, fest holzig, hellgrün und roth überlaufen. **Beerenstielchen** kurz, dick, warzig mit starkem braunem Wulste. **Beere** klein, von runder und länglicher Form, je nach dem freieren oder gedrängten Stand, schwarzblau, beduftet, schwach punktirt. **Narbe** deutlich bemerkbar. **Beerenhaut** dünn. **Saft** weiss, dünnflüssig, süss, aromatisch. **Reifzeit** ziemlich früh, gleichzeitig mit dem blauen Portugieser und Ruländer.

**Vorkommen, Kultur und Verwendung.** Der blaue Burgunder ist, wie die zahlreichen Synonymen zeigen, eine sehr verbreitete Traubensorte, welche aus Frankreich zu uns gekommen ist. Dort wird sie mit ihren vielen Spielarten, welche durch verschiedene Boden- und klimatische Verhältnisse entstanden sind, hauptsächlich zur Bereitung der Burgunder-Rothweine, sowie als Weisswein zur Champagner-Bereitung in der Champagne verwendet. Dieser Traubensorte verdankt Frankreich hauptsächlich seinen Ruf als Weinland.

Von Frankreich aus wurde sie zunächst am Rhein und an der Mosel, besonders um Ingelheim, Assmannshausen und an der Bergstrasse, später in Württemberg, der Schweiz und Oesterreich verbreitet, so dass sie jetzt fast in allen Weinländern anzutreffen ist.

Der blaue Burgunder verlangt einen kräftigen, mässig feuchten warmen Boden in flachen Hügellagen. Ein langer Schnitt auf Bögen ist für ihn sehr geeignet, wenn er der Bodenkraft und dem Alter des Stockes angemessen angewendet wurde; man schneide den Stock nicht früher auf Frucht, als bis er genügend erstarkt ist, da der etwas schwach bewurzelte Stock sonst gern schnell zurückgeht. Er ist nicht sehr empfindlich in der Blüthe, hält hohe Kältegrade aus und entwickelt am geeigneten Standort eine mittlere, aber doch ziemlich gleichmässige Tragbarkeit. Die Bewurzelung der Schnittreben erfolgt leicht und mit ziemlicher Sicherheit. In der Nähe von Waldungen und Gesträuch haben die frühzeitig reifenden Trauben sehr von den Vögeln zu leiden.

Der blaue Burgunder ist entschieden die werthvollste Traubensorte für die Rothweinbereitung; als Tafeltraube hat er für nördlichere Weingegenden nur einen bedingten Werth. Er bekommt in guten Jahrgängen 20 bis 25 Gewichtsprozente Zucker mit einer verhältnissmässig geringen Säure von 5 bis 6 ‰, so dass es nur wenige blaue Traubensorten giebt, welche ihm darinnen gleichkommen. Die Burgunder Rothweine sind voll, überaus wohlschmeckend von feinem edlem Aroma, stark und schwer.

Aus dem blauen Burgunder werden ausser den französischen Rothweinen die Assmannshäuser, Ingelheimer, Ortenauer, Melniker und Aarbleichert Rothweine bereitet.

Der blaue Arbst, aus welchem bei Baden-Baden der Affenthaler gewonnen wird, der frühe blaue Burgunder und das blaue Möhrchen dürften sehr nahe verwandte Spielarten des blauen Burgunders sein.

Blauer Burgunder.

Taf. IV.

# Weisser Wälschriesling.

Tafel V.

**Literatur und Synonyme:** v. Babo (Klassific. III. II. 3.), pag. 593; Trummer (Klassific. I. 3.), pag. 194; Metzger-Babo, pag. 137 mit Abbildung, Heft VII, Taf. XL; v. Gock, pag. 25; Dittrich, pag. 551; Kölges, pag. 620; Dornfeld, pag. 32; in Croatien als Biela sladka grassica. Die Bezeichnungen Welschriesling und Wälsch-Rissling sind nur andere Schreibweisen.

## Beschreibung.

**Rebstock** klein, schwachwüchsig. **Rebholz** dünn, schlank, gelbbraun, glatt, regelmässig gestreift, flach gefurcht und fein punktirt. **Knoten** 2 bis 4 Zoll von einander, wenig verdickt. **Augen** klein, stumpf, stark abstehend.

**Blätter** ziemlich gross, länglich, fünflappig, tief eingeschnitten, Mittellappen besonders stark ausgebildet, hellgrün, glatt, mit büschelartiger feiner Wolle bedeckt, bei grosser Trockenheit gern welk werdend. **Bezahnung** scharf und lang, Zähne an der Spitze oft gelb gefleckt wie beim Muskateller. **Buchten** tief und eng, Stielbucht offen und ausgeweitet. **Nerven** schwach hellgelb. **Blattstiel** so lang als der Mittelnerv des Blattes, dünn, hellgrün, bisweilen röthlich und etwas wollig. **Blätter an den Triebspitzen** hellgrün, wollig.

**Traube** mittelgross, ästig oder oben breit nach unten zugespitzt, ziemlich dichtbeerig. **Traubenstiel** lang, dünn, gelbgrün, am Knoten meistens mit einem Nebenstiel und daran befindlicher kleiner Nebentraube oder einzelnen Beeren versehen. **Beerenstielchen** lang, dünn, gelbgrün mit bräunlichem Wulst. **Beere** klein, rund, gelblichgrün, in voller Reife braungefleckt, mit durchscheinenden Adern und weisslichem Duft, fein und leicht punktirt. **Narbe** gross, etwas berostet. **Beerenhaut** dünn. **Saft** dünnflüssig, süss. **Reifzeit** fast gleichzeitig mit dem weissen Riesling. Die Reife fängt ziemlich spät an, entwickelt sich aber dann sehr schnell.

**Vorkommen, Cultur und Verwendung.** Der Wälschriesling soll aus der Champagne stammen, von da nach Heidelberg gekommen sein und wegen seiner französischen Abstammung und Aehnlichkeit der Traube mit dem weissen Riesling den Namen Wälschriesling erhalten haben. Vom Rhein wurde er nach Steiermark verbreitet, wo er jetzt im ganzen nordöstlichen Theil dieses Weinlandes in reinen Sätzen den grössten Theil der Weingärten einnimmt. Von Steiermark wird er in neuester Zeit wegen seiner vielen guten Eigenschaften sehr stark nach Niederösterreich und Ungarn verbreitet und häufig begehrt. Unter welchem Namen er in seiner ursprünglichen Heimath vorkommt, konnte bis jetzt nicht mit Sicherheit ermittelt werden.

Der Wälschriesling erfordert einen lockeren nahrhaften Boden in guter, warmer, mehr hoher als niederer Lage und hat sich besonders in den Gebirgsländern in den mittleren und oberen Theilen der Weingärten bewährt. Sein grösster Werth besteht in der ihm eigenthümlichen bedeutenden Tragbarkeit, in welcher er nur von wenigen Sorten übertroffen wird. Diese Tragbarkeit tritt sehr schnell bei jungen Stöcken ein und kann durch angemessene Düngung bis in das Alter des Stockes erhalten werden. Da die langstieligen Trauben in windigen Lagen gern abgedreht werden, so haben alle vor den Winden geschützten Lagen für ihn ganz besonderen Werth. Da der Stock nicht sehr gross wird und bei magerem Boden gern im Trieb nachlässt, so muss man ihn der Kraft des Bodens angemessen mehr kurz als lang schneiden. Kurze Zapfen, oder Zapfen und Halbbögen sind für ihn angemessen.

Der Wein des Wälschriesling ist in günstigen Jahrgängen ebenso süss, als der des weissen Rieslings, hat einen Zuckergehalt von 18 bis 24 Gewichtsprozenten, eine Säure von 5 bis 7 ‰ und unterscheidet sich vom Rieslingwein nur dadurch, dass ihm das Bouquet desselben fehlt. Die Wälschrieslingweine sind daher nur gute Tischweine, welche in grossen Massen produzirt werden können, sich sehr leicht behandeln lassen und zum Verschnitt mit schwereren Weinen recht gut eignen. Der Wälschriesling ist daher eine der wichtigsten und werthvollsten Keltertrauben, welche schon in mehreren Weingegenden den früheren Rebsatz ganz verdrängt hat. Die Wälschriesling-Schnittreben wurzeln leicht und sicher an.

Der blaue und beerhelle Wälschriesling sind werthlose Spielarten der hier beschriebenen Traubensorte.

Weifser Wälschriesling.

Taf. V.

# Ruländer.

Tafel VI.

**Literatur und Synonyme.** v. Babo (Klassifik. II. II. 3.), pag. 269, als rother Klävner, Rulander, Viliboner, Grauklävner, Rolander, Druher, Speierer, Tockayer am Rhein; Pineau gris, Auvernas gris, Gris commun, Tockay gris in Frankreich; Metzger-Babo, pag. 218; Trummer (Klassifik. II. 3.), pag. 296, als rother Klevner, Mauserl, Rheintraube in Steiermark; v. Gock, pag. 6, mit Abbildung Taf. II, als Grauer Klevner, Edelklevner, Rauländer, Kapuzinerkutten; Stoltz, pag. 79, mit Abbildung Taf. 11, als Moreote gris und M. gris-rouge, Pinot gris, Burot, Tromenteau gris, Arnaison gris; Dittrich, pag. 581, als Kleingrau und Rehfahl; Kölges, pag. 127; Dornfeld, pag. 26; Single, pag. 58; in Croatien als Crvena klevanjka.

## Beschreibung.

**Rebstock** mittelgross, hat mässiges Wachsthum. **Rebholz** dünn, dunkelgrau-braun, flach gefurcht, schwarz gefleckt und punktirt, rauh. **Knoten** 3—4 Zoll von einander entfernt und dunkler gefärbt. **Augen** klein, an der Spitze weisswollig.

**Blätter** rundlich, von mittlerer Grösse, meist dreilappig, dick, dunkelgrün, unten lichtgrün, meist nackt oder schwach behaart. Verfärbung ins Gelbliche, wodurch sie sich von den sonst sehr ähnlichen Blättern des blauen Burgunders unterscheiden. **Bezahnung** ungleich, kurz, Zähne oft gelbköpfig. **Buchten** sehr ungleich und in der Bildung von den Bodenverhältnissen beeinflusst. **Nerven** hellgrün, dick. **Blattstil** $^2|_3$ der Länge des Blattmittelnervs, dick, hellgrün, etwas röthlich. **Blätter an den Triebspitzen** hellgrün, wollig.

**Traube** klein, dicht, walzenförmig, meist einfach. **Traubenstiel** kurz, dick, hellgrün und röthlich. **Beerenstielchen** kurz, dünn, warzig. Wulst braun gefärbt. **Beere** klein, länglichrund, durch dichten Stand oft breit gedrückt, schmutzig grauroth, bei starker Reife ins Blaurothe, schwach punktirt, grossnarbig, dünnhäutig, mit grauem Duft überzogen. Oft finden sich am Ruländer Trauben mit blauen und rothen oder halbblauen und halbrothen Beeren, was ebenfalls auf eine grosse Verwandtschaft mit dem blauen Burgunder hindeutet. **Saft** dünnschleimig, sehr süss. **Reifzeit** früh, gleichzeitig mit dem blauen Burgunder oder oft noch früher.

**Vorkommen, Kultur und Verwendung.** Der Ruländer soll aus Frankreich stammen, wo er unter den oben genannten Synonymen stark verbreitet ist. Im 17. Jahrhundert soll ein Kaufmann Ruland in Speyer diese Sorte zuerst besessen und verbreitet haben, wesshalb er nach ihm den Namen Ruländer erhielt. Er ist in ganz Deutschland, Frankreich und in der letzten Zeit auch in Oesterreich verbreitet, ohne gerade in grosser Ausdehnung angepflanzt zu werden.

Der Ruländer verlangt einen kräftigen Boden und kommt fast alljährlich selbst in ungünstigen Lagen zur Reife. Er wird auf Bogen angeschnitten, damit er hinreichende Tragbarkeit entwickeln kann und muss gut im Dung erhalten werden. Im Uebrigen gilt beim Ruländer das, was beim blauen Burgunder angeführt wurde.

Der Ruländer Wein erreicht meistens 20 bis 26 Gewichtsprozente Zucker und hat eine geringe Säure von 4 bis 5 $^0|_{00}$. Der Ruländer ist mit zu den edelsten Keltertrauben zu rechnen und liefert einen süssen, äusserst feinen angenehmen Wein, welcher sich hauptsächlich zur Champagner-Fabrikation und zum Verschnitt mit Rieslingweinen eignet. Zur Weissweinbereitung müssen die Trauben schnell abgekeltert werden, damit der Wein nicht zu hochfarbig wird.

Ruländer.

Taf. VI.

# Blauer Trollinger.

Tafel VII.

**Literatur und Synonyme:** v. Babo (Klassific. III. III. 2.) pag. 607 als Fleischtraube, Bocksaugen, Bocksbeutel, Bockstraube, Troller, Hammelshoden, Zottelwälscher, Schwarzwälscher, Pommerer, Bammerer, schwarzer Wälscher, Frankenthaler, gelbholziger, weissholziger und schwarzblauer Trollinger in Deutschland; Trummer (Klassific. I. 1.) pag. 7 als Aegyptischer und Grosser Burgunder in Steiermark. Metzger-Babo, pag. 2 mit Abbildung, Heft I, Taf. I als Malvasier und Mohrendutte. v. Gock, pag. 68 mit Abbildung, Tafel XXI, als Uva cenerente in Italien. Single, pag. 26, mit Abbildung, Tafel V, als gelbholziger schwarzblauer Trollinger, Hammelsschelle, Zottler und Dachtraube in Württemberg. Dittrich, pag. 507. Stoltz, pag. 151, als Lambert, Lombard, Grossschwarzer (Gros-noir), grosse race, Pfundtraube, Kreuzertraube, Gross Italiener, gros-plant grand noir im Elsass und Frankreich. Kölges, pag. 592. Dornfeld, pag. 48. In Croatien als Modri tirolan. In England als Chasselas bleu de Windsor und Black Hamburg. Wohl identisch mit den beiden Sorten der Rebcataloge Teret noir und Raisin de Languedoc.

## Beschreibung.

**Rebstock** sehr starkwüchsig, baumartig. **Rebholz** stark, tief gefurcht, hellbraun ins gelbliche, dunkler gestreift, sehr markig. **Knoten** schwach, verdickt, 3 bis 4 Zoll weit von einander stehend, erst am vierten und fünften Knoten Trauben bildend. **Augen** braun, gross, dick.

**Blätter** sehr gross, ungleich eingeschnitten, drei oder fünflappig, rund, oft mehr breit als lang, oben hellgrün, unten gelblich-grün, glatt. **Bezahnung** unregelmässig, grosse breite Zähne mit auswärts gebogenen Spitzen wechseln meist mit 1 bis 2 kleinen spitzen Zähnen ab. **Buchten** eng, gedeckt. **Nerven** etwas hervorstehend, heller als die Blattfärbung. **Blattstiel** so lang als der Mittelnerv, stark, kahl, gelbgrün. **Blätter an den Triebspitzen** hellgrün, etwas wollig.

**Traube** sehr gross, meistens locker, ästig, pyramidenförmig, oft einige Pfund schwer. **Traubenstiel** ziemlich lang, biegsam, hellgrün mit bräunlichen Warzen, Knoten meist unfruchtbar. **Beerenstielchen** dünn, gelblich-grün, warzig. **Beere** sehr gross, dunkelblau, rund, schwach beduftet, meist zweikernig, fleischig. **Narbe** klein, **Beerenhaut** dick. **Saft** schleimig, ziemlich süss, bei voller Reife aromatisch. **Reifzeit** spät, wie beim Muskateller und weissen Rissling.

**Vorkommen, Kultur und Verwendung.** Der Trollinger soll aus Oberitalien stammen, und von da mit dem blauen Gänsfüsser und anderen Sorten nach dem Rhein und später zu Anfang des 18ten Jahrhunderts auch nach Württemberg gekommen sein, wo er jetzt als Keltertraube wegen seiner Fruchtbarkeit in guten Lagen sehr geschätzt wird und sehr stark verbreitet ist. Ausser dem hier beschriebenen gelbhölzigen Trollinger hat man dort noch eine rothholzige Spielart, welche aber weniger werthvoll sein soll. Ueber das Vorkommen des Trollinger in Italien fehlen bis jetzt noch genaue Nachrichten der Ampelographen. In allen anderen Weinländern findet sich der blaue Trollinger nur in Gärten zur Bekleidung der Gebäude, Hecken und Spaliere und wird dann als die grösste und schönste Zierde der Tafel verwendet. In England benutzt man ihn in den Treibhäusern unter sehr verschiedenen Namen (meist als Black Hambro) zur Traubentreiberei, wozu er sich ganz besonders eignet und oft ganz enorm grosse Trauben und Beeren bildet. So wurde auf der Gartenbau-Ausstellung in Hamburg im Jahr 1869 eine 5 Pfund schwere Trollinger-Traube mit dem ersten Preis gekrönt. Der blaue Trollinger verlangt einen kräftigen, humusreichen und warmen Boden in guter südlicher, nicht zu steiler Lage. In niederen Lagen und schwerem kaltem Boden reift das Holz nicht aus und erfriert gern, auch nehmen die Stöcke in solchen Verhältnissen oft ein übermässiges Wachsthum an. In hohen windigen Lagen leidet der Stock durch Mangel an Nahrung und durch die Winde, welche die grossen langstieligen Trauben gern abdrehen. Kräftige Kalkböden mit zerklüftetem Gestein im Untergrund sagen der äusserst kräftigen Bewurzelung dieser Sorte am meisten zu. Dem Trieb und dem Umstande entsprechend, dass der Trollinger erst vom 4.—5. Knoten an tragbar wird, muss auch der Schnitt lang gehalten werden, so dass in günstigen Verhältnissen einem Stock mehrere Schenkel mit je einer Ruthe von 8 bis 10 Augen belassen werden können. Trollinger-Anlagen erfordern daher auch eine grössere Entfernung im Weingarten, als die meisten anderen Keltertraubensorten; in Württemberg erhalten sie bis 1,20 Meter Entfernung. Das Ausbrechen der Triebe und Blätter im Sommer muss mit grosser Vorsicht geschehen, weil die der Sonne plötzlich ausgesetzten Trauben von dieser Sorte gern welk werden und dann nicht zur Ausbildung kommen. Auch ist der Trollinger gegen das Bearbeiten bei feuchter Witterung auf das Aeusserste empfindlich; er lässt in Folge dessen die Blätter 3 bis 4 Wochen vor der Reife fallen und die Trauben bleiben dann meistens unreif. In entsprechenden Verhältnissen und guten Jahrgängen giebt der Trollinger einen ganz bedeutenden Ertrag, welcher dem des Gutedel gleich kommen mag. Als Quantitätstraube hat er daher in Württemberg manche andere Sorten verdrängt; es sind aber nur wenige Lagen dieses Landes für Trollinger geeignet. In den meisten Weinbergen gilt es als Regel, dass der Trollinger nur alle fünf Jahre einmal ordentlich reif wird. Bei voller Reife liefert er übrigens einen guten, mit genügendem Gerbstoff versehenen haltbaren Rothwein, mit etwas Bouquet und einem Muskatellergeschmack, welcher bei anderen blauen Trauben sonst nicht zu finden ist. Dornfeld giebt den Zuckergehalt des Trollingermostes nach Oechsle im Jahr 1857 mit 93, 1858 mit 76, 1859 mit 85, 1860 mit 69, 1861 mit 92 und 1862 mit 100 Graden an, was in diesen 6 Jahren durchschnittlich im Jahr 18 bis 19 Gewichtsprozenten Zucker entsprechen würde. Da die Beeren sehr gross sind, so ist der Säuregehalt des Trollingerweines ein mässiger zu nennen. Vom Traubenpilz hat er fast überall sehr zu leiden.

Blauer Trollinger.

Taf. VII.

# Weisser Krachgutedel.

Tafel VIII.

**Literatur und Synonyme:** v. Babo (Klassific. III. III. 3.), pag. 633 und 646 als Süssling, Most, Moster, Silberling, Silberwissling, Frauentraube, Junker, weisser, gelber und grüner Gutedel, grossblättrige und doppelte Spanische, Krachmost, Kracher am Rhein, Schönedel in Sachsen. Trummer (Klassific. I. 2.) pag. 73 und 83. Metzger-Babo pag. 28 mit Abbildung, Heft II, Taf. IX. Single, pag. 37 mit Abbildung, Taf. X. v. Gock, pag. 54 und 55. Dittrich, pag. 520 und 521. Kölges, pag. 297. Dornfeld, pag. 33. Stoltz, pag. 179, als Doucet, Süsstraube, Chasselas doré, de Fontainebleau, Ch. blanc, Bar sur Aube, Gentil blanc oder vert, Ch. crognant oder dur in Elsass und Frankreich. In Italien als Marzemina bianca, Tribianco tedesco. In Ungarn als Fehér ropoós Fabian, Gyöngyszölo. In der Schweiz als Wälsche, Rosmarintraube. In Böhmen als Edelwein, Dobrorozne. In Croatien als Biela plemenika praskava.

Da die neueren Beobachtungen von Single und v. Babo bestätigen, dass der weisse Gutedel und Krachgutedel unter gleichen Verhältnissen auch die gleichen Eigenschaften bekommen und daher nicht unterschieden werden können, so wurde der durch v. Babo (siehe „Weinlaube", 1873 pag. 360) vorgeschlagene Namen „weisser Krachgutedel" als Bezeichnung für diese von früheren Ampelographen getrennt beschriebenen Sorten angenommen.

## Beschreibung.

**Rebstock** stark, **Rebholz** röthlich-braun, oft wie beduftet, dunkler gestreift und punktirt, sehr viele Ranken bildend. **Knoten** erhaben 4 bis 5 Zoll weit von einander stehend. **Augen** stark hervortretend, stumpf mit weisswolliger Spitze.

**Blätter** mittelgross, dünn, mehr länglich, ziemlich tief eingeschnitten, fünflappig, auf der oberen Seite eben, besonders bei jüngeren Blättern und hellgrün, unten gelbgrün und bei älteren Blättern und gutem Standort borstig und rauh. Verfärbung ins Gelbliche und zeitiges Abfallen im Herbst. **Bezahnung** unregelmässig und ungleich, Endzähne lang und spitz auswärts und abwärts gebogen. **Buchten** mehr spitzwinklich, selten gedeckt. **Nerven** ziemlich stark, hellgrün, nach dem Stielpunkt zuweilen, etwas röthlich überlaufen. **Blattstiel** so lang als der Mittelnerv, dünn, hellgrün, auch röthlich kahl, unten stark verdickt. **Blätter an den Triebspitzen** kahl, stark glänzend, braunroth, bronzirt.

**Traube** gross, theils dicht, theils locker, länglich, oben ästig, bei ungünstiger Blüthezeit ungleich beerig. **Traubenstiel** lang, dünn, biegsam, hellgrün und röthlich, etwas warzig. **Beerenstielchen** kurz, dünn, mit stark abstehendem warzigem Wulst. **Beere** gross, kugelig, gelbgrün, durchsichtig, geadert, auf der Sonnenseite braun gefleckt. **Narbe** gross. **Beerenhaut** und **Saft** je nach Boden und Standort mehr oder weniger fleischig und krachend, indem bei lehmigem, etwas trockenem und freiem Standort im Weinberg die Beeren meist hartschaliger und fleischiger werden als an Spalieren in Niederungen und feuchtem Boden. **Reifzeit** fast gleichzeitig mit rothem Gutedel.

**Vorkommen, Kultur und Verwendung.** Der weisse Krachgutedel kommt fast in allen Weinländern vor und ist als Keltertraube besonders im badischen Oberland verbreitet, wo die Markgräflerweine aus ihm bereitet werden. Ausserdem kommt er als Keltertraube in ausgedehntem Anbau am Genfer See vor, wo er zur Bereitung der als la côte bekannten Weine dient. Sodann findet man ihn in grösseren zusammenhängenden Anpflanzungen in der Umgegend von Wien und Paris und den meisten grossen Städten, weil er mit zu den schätzenswerthesten und ertragreichsten Tafeltrauben gehört und sich bei geeigneter Vorrichtung bis tief in den Winter hinein aufbewahren lässt. Seine Hauptvorzüge bestehen in der geringen Empfindlichkeit und der damit zusammenhängenden grossen Tragbarkeit, in welcher er so leicht von keiner anderen Sorte übertroffen wird. Er ist als Tafel- wie als Keltertraube von grosser Bedeutung und verträgt kurzen Schnitt auf Zapfen, wie am Genfer See und in Niederösterreich, so gut als den Bogenschnitt wie im Markgräflerland. In Bezug auf Boden ist zu beachten, dass er nur in kräftigem, tiefgründigem, nicht zu trockenem Boden und niedrigen flachen Lagen seine vollkommene Ausbildung und ein entsprechendes Alter erreicht, während er in trockenem magerem Boden, sowie bei hoher Lage sehr schnell in Tragbarkeit nachlässt und zurück geht.

Der Gutedelwein ist ein guter leichter Tischwein, welcher sich sehr gut zum Verschneiden eignet, 8 bis 10 Gewichtsprozente Alkohol hat und sich durch eine geringe Säure von 4 bis 6 per mille auszeichnet.

Krachgutedel.

Taf. VIII.

# Müllerrebe.

Tafel IX.

**Literatur und Synonyme:** v. Babo (Klassific. II. I. 2.), pag. 158 als Müller, Müllertraube, Müllerweib am Rhein. Trummer (Klassific. II. 2.), pag. 288 als frühe blaue Müllerrebe, blaue Postitschtraube in Steiermark. Metzger-Babo, pag. 100 mit Abbildung, Heft IV, Tafel XXIV. Single als schwarzer Rissling, pag. 61, in Württemberg. v. Gock, pag. 19 mit Abbildung, Taf. IV als schwarzblaue, ordinäre und frühe Müllerrebe. Dornfeld, pag. 36. Dittrich, pag. 532. Kölges, pag. 409. Stoltz, pag 149, als Meunier, Meusnier, enfariné, plant de Brie, Morillon taconné, fernaise, feuille blanche, credinet, Goujean im Elsass und Frankreich. Cerny mancujk in Böhmen. Morone farinaccio in Italien. Black Cluster, Munier grape in England. Rana modra mlinaria in Croatien. Molnár tóke kék in Ungarn.

## Beschreibung.

**Rebstock** von mässig starkem Wachsthum, kräftiger und dauerhafter, als beim blauen Burgunder, mit welchem er manche Aehnlichkeit hat. **Rebholz** graubraun, oft bleifarbig überlaufen, dunkel punktirt mit mattem Glanz. **Knoten** wenig verdickt, 2 bis 4 Zoll weit von einander. **Augen** klein, stumpf, stark weisswollig.

**Blätter** mittelgross, dick, meist fünflappig, etwas länglich, einem Burgunderblatt sehr ähnlich, oben dunkelgrün, stellenweise mit weisser Wolle, unten heller und filzig. Verfärbung ins Rothe, weniger stark als beim Burgunder, oft ganz fehlend. **Bezahnung** ungleich, kurz und stumpf. **Buchten** meist spitzwinklich und nach der Mündung verengert. **Nerven** oben schwach, hellgelb und weniger wollig als unten. **Blattstiel** dick, dunkelgrün und roth gestreift, nicht ganz so lang als die Mittelrippe des Blattes. **Blätter an den Triebspitzen** charakteristisch stark weisswollig mit feinem rothem Rande.

**Traube** mittelgross, einfach, seltener ästig, ziemlich dicht. **Traubenstiel** lang, dick, steif, gelblich-grün. **Beerenstielchen** kurz, dick, hellgrün und warzig, mit röthlichem Wulste. **Beere** mittelgross, fast rund, dunkelblau, heller beduftet. **Narbe** grau, gross. Beerenhaut dick. **Saft** dünflüssig, süsslich. **Reifzeit** ziemlich früh mit dem blauen Burgunder zugleich, sollte aber später gelesen werden.

**Vorkommen, Kultur und Verwendung.** Die Müllerrebe stammt aus Frankreich und wird besonders in der Champagne zur Weinbereitung verwendet. In Deutschland findet man sie am meisten in Württemberg im Neckarthal bei Heilbronn in ungünstigeren Lagen und Bodenverhältnissen verbreitet. Sonst kommt sie nur vereinzelt vor und hat wegen ihrer grossen Tragbarkeit, frühen Reife und Genügsamkeit einen Werth als Keltertraube, in nördlichen Gegenden sogar als Tafeltraube. Die Müllerrebe ist mit dem blauen Burgunder nahe verwandt, etwas härter (zumal im Winter), tragbarer und kräftiger als letzterer und wird mit Berücksichtigung dieser Umstände ganz so im Schnitt zu behandeln sein, so dass ein der Kraft des Stockes entsprechender Bogenschnitt die angemessenste Erziehungsart für diese Sorte sein dürfte.

Der Wein der Müllerrebe ist dickroth und etwas rauh, jedenfalls geringer als der des blauen Burgunder und eignet sich weniger auf das Lager, sondern mehr zum Verschnitt mit anderen besseren Weinen. Obgleich der Most in guten Jahrgängen einen ziemlich hohen Zuckergehalt erreicht (über 20 Prozent) und die Säure eine mässige zu nennen ist (5 bis 6 per mille), so fehlen dem Saft doch die edleren Bestandtheile, welche an dem Wein des blauen Burgunder so hoch geschätzt werden.

Müllerrebe.

Taf. IX.

# Rother Traminer.

Tafel X.

**Literatur und Synonyme:** v. Babo (Klassific. II. II. 1.), pag. 186, als Dreimänner, Marzimmer, Frentsch, Tokayer, Dreipfennigholz, Christkindlestraube, Rothklauser, rother Clevner, Rothedel, Rothkläber, Rothfranke, Rothwiener, Fleischroth, kleiner Traminer, Fränkisch, Kleinbraun, Fleischweiner im südwestlichen Deutschland, am Rhein, Mosel und Main. Trummer (Klassific. II. 3.), pag. 291, als rother Nürnberger in Steiermark. v. Gock, pag. 14, mit Abbildung Taf. III. Single, pag. 57. Dornfeld, pag. 22. Dittrich, pag. 583. Metzger-Babo, pag. 233, mit Abbildung Heft XII, Taf. LXXII. Kölges, pag. 556. Stoltz, pag. 32 mit Abbildung pl. I. als Gentil-Duret rouge, Röthlichter, Gris rouge, Auvernas rouge clair, Formentin rouge in Elsass und Frankreich. Mala dinka in Illyrien, Rusa in der Wallachei. Drumin Ljbora und Liwora Cervena in Böhmen. Tramini piros in Ungarn. Crvena ruzica in Croatien.

## Beschreibung.

**Rebstock** klein und von mässigem Wachsthum. **Rebholz** kurz, dünn, dunkelgraubraun, auf der Wetterseite hellgrau, wie mit Russ überstreut, rauh und wie behaart. **Knoten** nicht sehr hervortretend, engstehend. **Augen** klein, stumpf mit wolliger Spitze.

**Blätter** klein, dünn, rund, oft mehr breit als lang, dreilappig, und zuweilen einseitig, oben dunkelgrün, taffetartig, unten blassgrün, mehr oder weniger mit flockiger Wolle bedeckt. Die unteren Blätter weniger tief eingeschnitten und rauher als die oberen. **Bezahnung** sehr unregelmässig mit kleinen und grösseren Zähnen gewöhnlich abwechselnd. Zähne kurz, breit, stumpf. **Buchten** meistens gar nicht bemerkbar, sonst klein und eng. **Nerven** sehr dünn mit looser Wolle bedeckt und röthlichem Anflug. **Blattstiel** kürzer als der mittlere Blattnerv, dünn, röthlich. **Blätter an den Triebspitzen** sehr klein und zierlich, hellgrün, weisswollig, kurzrankig.

**Traube** klein, dicht, ästig und pyramidalisch, kurz, mehr breit als lang. **Traubenstiel** kurz, dick, holzig, dunkelgrün ins röthliche, zuweilen mit fruchtbaren Knoten. **Beerenstielchen** kurz, dick, hellgrün, warzig mit bräunlichem Wulst. **Beere** klein, länglich, durchschimmernd aderig, hellroth, graublau beduftet und etwas punctirt. **Narbe** grau, ziemlich hervortretend. **Beerenhaut** dick, hart, krachend. **Saft** schleimig, sehr süss und gewürzhaft schmeckend. **Reifzeit** zur gewöhnlichen Herbstzeit, später als der Ruländer.

**Vorkommen, Kultur und Verwendung.** Der rothe Traminer hat seinen Namen von dem Ort Tramin in Tyrol erhalten, wo er früher vielleicht einmal angebaut wurde, während die neuesten Berichte aus Tyrol nur einen weissen Traminer erwähnen, welcher in den dortigen Weingärten zu finden ist. Ob dieser weisse Traminer als eine Ausartung des früher angebauten rothen zu betrachten ist, kann in sofern als Vermuthung aufgestellt werden, weil ein ähnlicher Vorgang bei der Ausartung des rothen Traminers auch in anderen Weinländern beobachtet wurde und stattfindet. Ueberhaupt ist das Traminer Geschlecht mannichfachen Veränderungen unterworfen, welche durch Klima, Lage und Boden hervorgebracht werden. Als eine solche Abänderung ist wohl auch der sonst mit dem rothen Traminer ganz gleiche rothe Gewürztraminer zu betrachten, von welchem man noch nicht bestimmt weiss, ob er seinen gewürzteren Geschmack unter allen Verhältnissen bewahrt oder nicht.

Die grösste Verbreitung hat gegenwärtig der rothe Traminer in der bairischen Pfalz von Neustadt bis Dürkheim a. d. Haardt, wo er mit dem Riesling gemischt die bekannten Forster und Deidesheimer, Rupertsberger, Dürkheimer und Wachenheimer Pfälzer Weine liefert. In allen anderen Weinländern kommt er nur in geringerer Ausdehnung, oft blos sporadisch vor.

Der rothe Traminer verlangt einen kräftigen Boden in mittlerer Lage, reichliche Düngung und einen längeren Schnitt auf Bögen, weil sonst seine Erträge zu gering ausfallen. Was ihm an Quantität des Ertrags abgeht, ersetzt er reichlich durch Qualität, indem die Traminerweine sehr zuckerreich und gewürzt sind und wegen ihrer schmalzreichen Beschaffenheit sehr gern und häufig zum Verschnitt mit anderen Weinen, insbesondere mit Rieslingweinen verwendet werden. Diese Mischung giebt auch den bekannten Charakter der Pfälzer Weine. Der Traminermost erreicht fast in allen Jahrgängen über 20 % Zucker und hat eine sehr geringe Säure von 4 bis 5 ‰. In Bezug auf das quantitative Erträgniss wird er mit dem blauen Burgunder nahezu gleich.
zu stellen sein, wenn der an sich etwas schwachwüchsige und schwachbewurzelte Stock bei geeigneter Lage richtig in Schnitt und Dung gehalten wird.

Die Trauben können wegen der harten Beerenhaut sehr lange am Stock hängen bleiben und schrumpfen dann ein, so dass sie sich sogar zu Ausbruchweinen verwenden lassen.

Rother Traminer.

Taf. X.

# Grüner Sylvaner.

Tafel XI.

**Literatur und Synonyme:** v. Babo (Klassific. II. III. 1.), pag. 304, als Oesterreicher, Salviner, Salvaner, Frankenriesling, Grünedel, Schönfeilner, Scharvaner und Bötzinger in Deutschland. Trummer (Klassific. I. 2.), pag. 174, als Selenzhiz, Zierfahndler, weisser Augustiner, Tschafahndler, Seleni Kleshez, weisser Oesterreicher, Mushka, Mushza, Mishka, Fliegentraube in Steiermark. Metzger-Babo, pag. 104 mit Abbildung, Heft V, Taf. XXVI. v. Gock, pag. 49 mit Abbildung, Taf. XIII, als grünlich gelber Sylvaner. Single, pag. 14 mit Abbildung, Taf. I, als weisser, grüner oder gelber Silvaner. Dittrich, pag. 548. Stoltz, pag. 117 mit Abbildung, Taf. 14, als Feuille ronde, Rundblatt, Weissblanke, Grünfränkisch, Frankentraube, Gentil vert, Clozier, Mourton, Silvain vert, Schwäbler und L'auxerrois in Elsass und Frankreich. Kölges, pag. 538, als Sylvanertraube. Dornfeld, pag. 27. Calwer, Deutschlands Obst- und Beerenfrüchte, Stuttgart 1854, bei Krais und Hoffmann, pag. 91, als grünlich-gelber Sylvaner und Salvener. In Croatien als Zelena sedmogradka. In Ungarn als Silváni zöld, Pepltraube, Cilifantli, grüner Zirfantler. In Böhmen als Cynifal, Zeleny, Morawka, Ziehfädl. In der Schweiz als Plant du rhin, Gros Rhin und Gros Riesling.

Der gelbe Sylvaner ist nur als eine durch Boden, Behandlung und Alter des Stockes hervorgebrachte Entartung des grünen Sylvaner zu betrachten.

## Beschreibung.

**Rebstock** wird mittelgross, dauerhaft. **Rebholz** hellbraun, dunkler gestreift und punktirt, engknotig. **Augen** klein, dunkelbraun.

**Blätter** mittelgross, rund, dreilappig, wenig eingeschnitten, dünn, Lappen wellenförmig gebogen, meistens glatt, oben gelblich grün, leuchtend, unten heller, zuweilen gegen den Herbst hin gelb gefleckt, kahl. **Bezahnung** stumpf und kurz, unregelmässig. **Buchten** eng, seicht, in Form sehr veränderlich, oft ganz fehlend. **Nerven** dünn, zuweilen feinborstig. **Blattstiel** kurz, mitunter nur halb so lang als der Mittelnerv des Blattes, dick, warzig, stark gebogen mit röthlichem Anflug. **Blätter an den Triebspitzen** hellgrün glänzend, nur selten mit etwas feiner Wolle bedeckt.

**Traube** klein bis mittelgross, kurz, walzenförmig, gewöhnlich einfach, mit dicht auf einander liegenden Beeren. **Traubenstiel** sehr kurz, dick, warzig mit unfruchtbaren Knoten. **Beerenstielchen** kurz, grün mit bräunlicher Färbung, warzig. **Beere** rund, durch den dichten Stand gewöhnlich langgedrückt, gelblichgrün, schwach punktirt, grau beduftet, gross und braunnarbig, zweikernig. **Beerenhaut** ziemlich dick. **Saft** schleimig, sehr süss und angenehm. **Reifzeit** in leichten sandigen Boden und besseren Lagen früh reifend, sonst zur gewöhnlichen Herbstzeit.

**Vorkommen, Kultur und Verwendung.** Der grüne Sylvaner ist eine sehr stark verbreitete Rebsorte, welche nach den Angaben der Ampelographen aus Transsylvanien (Siebenbürgen) stammen soll, wenigstens deuten die Namen Oesterreicher in Deutschland, Zierfahndel als Verstümmelung von Sylvaner in Oesterreich und Ungarn, Frankenriesling und Schwäbler am Rhein und in Frankreich auf eine östliche Abstammung. In Siebenbürgen ist aber der grüne Sylvaner nach Angaben des Herrn Franz von Nagy in Klausenburg erst seit 30 Jahren bekannt geworden und jetzt nur vereinzelt anzutreffen, so dass wohl nur Oesterreich als seine ursprüngliche Heimath zu bezeichnen ist. In allen nördlicheren, höher gelegenen Weingegenden, ungünstigeren Lagen, sowie in geringeren Bodenverhältnissen ist der grüne Sylvaner eine sehr schätzenswerthe Keltertraube, welche von keiner anderen durch grosse Tragbarkeit, Dauer des Stockes und Werth des Productes in den vorgenannten Verhältnissen übertroffen werden wird, sobald eine angemessene Erziehungsart und ein passender Schnitt angewendet worden ist. Ein niederer Schenkelschnitt mit kürzeren oder längeren Zapfen, wie er im nördlicheren Theil Württembergs in der Tauber- und Jaxtgegend üblich ist und sich bewährt hat, dürfte auch für andere Länder die passendste Schnitt- und Erziehungsmethode für den Sylvaner sein, da das etwas markige spät ausreifende Holz zum Bogenschnitt sich weniger eignet.

Der Sylvanerwein ist grünlich weiss und wird im reinen Zustand wegen den vielen schleimigen Bestandtheilen und der grossen Süssigkeit leicht zäh, weshalb er am besten mit den Weinen anderer etwas herberen oder später reifenden Sorten gemischt werden sollte, wie es in vielen bedeutenden Weingegenden am Rhein geschieht, wo er mit dem Riesling, Traminer und Elbling zusammen gebaut und gekeltert wird. In einigen Gegenden Steiermarks, wo der Sylvaner häufiger vorhanden ist, wendet man daher das Entschleimen des Mostes an, was insbesondere für schwerere Böden sich sehr bewährt hat.

Der Sylvanermost hat in der Regel in mittleren Jahrgängen einen Zuckergehalt von 19—20 % und eine Säure von 5—6 ‰.

Grüner Sylvaner.

Taf. XI.

# Blaue Zimmettraube.

Tafel XII.

**Literatur und Synonyme:** Trummer (Klassific. I. 2) pag. 143, in Steiermark als Spätblaue, Kleinmilcher, Zhernina, Kleinkölner, Mala Modrina, Posna und Drobna Zhernina, Vranek (Krähentraube), wegen Aehnlichkeit der Farbe mit der Krähenfarbe. Die als blauer Vranek, Trummer (pag. 141), v. Babo (pag. 561) und blauer Oberfelder, Trummer (Nachtrag pag. 23) beschriebenen Varietäten scheinen nur Spielarten der blauen Zimmettraube zu sein. In Croatien wird sie als Modra Kosovina und prava crnina bezeichnet.

## Beschreibung.

**Rebstock** stark und dauerhaft. **Rebholz** hellbraunroth, stark punctirt, flach gefurcht, fest. **Knoten** schwach verdickt, etwas dunkler gefärbt, 4—5 Zoll weit von einander stehend. **Augen** stark abstehend, an der Spitze etwas braunwollig.

**Blätter** rund, sehr ungleich getheilt, meist 5lappig, mittelgross, Lappen breit und schief, glatt, oben dunkelgrün, stark glänzend, wie mit Lack überzogen in Farbe und Glanz einem Portugieserblatt sehr ähnlich. Verfärbung im Herbst ins bräunliche und röthliche. **Bezahnung** scharf und lang mit mehreren tieferen Einschnitten abwechselnd, ungleich. **Buchten** sehr eng und kurz, Stielbucht gleichmässig ausgeweitet. **Nerven** feinhaarig, sammetartig. **Blattstiel** glatt, kahl, mit rothblauem Anflug, nicht ganz so lang als der Mittelnerv des Blattes. **Blätter an den Triebspitzen** sehr fein und zart mit schwach bronzirtem Anflug, glatt und glänzend.

**Traube** mittelgross, ästig, ziemlich dicht, einer Portugieser Traube sehr ähnlich. **Traubenstiel** dünn, ziemlich lang, mit blaurothem Anflug, am Knoten oft mit einem oder mehreren fruchtbaren Seitenästen versehen. **Beerenstielchen** dünn, feinwarzig mit blaurothem Wulst. **Beere** mittelgross, rund und länglich, in Form sehr wechselnd, bei voller Reife dunkelblau. **Narbe** klein und schwarz. **Beerenhaut** dünn, aber fest. **Saft** süss und angenehm schmeckend. **Reifzeit** spät, mit dem Wälschriesling zugleich.

**Vorkommen, Kultur und Verwendung.** Die blaue Zimmettraube ist eine ächt steirische Traubensorte, welche sich in fast allen Weingegenden Steiermarks in grösserer Anzahl vorfindet, ohne gerade einen Theil des Hauptsatzes zu bilden. In neuerer Zeit ist sie auch in Croatien und Krain verbreitet worden. Der ebenfalls in Steiermark vorkommende Vranek wird häufig als Zimmettraube benannt und umgekehrt, so dass beide Sorten, sowie der im Wipbacher Thal (Krain) verbreitete blaue Oberfelder wohl nur als Spielarten der Zimmettraube zu betrachten sein dürften, ebenso wie die graue rauchfarbige Zimmettraube, welche sich zur blauen verhält, wie der Ruländer zum blauen Burgunder.

Die Zimmettraube verlangt eine gute warme Lage und etwas trockenen Boden. Da der Stock stark in's Holz treibt, so ist er bei Anwendung des Bogenschnittes sehr fruchtbar und zeichnet sich überhaupt während der Blüthe und ganzen Vegetationszeit durch eine geringe Empfindlichkeit aus, so dass er für wärmere Weingegenden als eine recht empfehlenswerthe Sorte bezeichnet werden muss.

Die Zimmettraube wird in Steiermark bei Gonobitz mit der Kauka zur Bereitung der Gonobitzer Rothweine verwendet, da sie bei genügendem Reifegrad sehr viel Farbstoff besitzt. Allein gekeltert, giebt sie einen leichten Rothwein, welcher in den Jahren 1872 und 1873 18 % Zucker und 8—9 ‰ Säure hatte. Unter sehr günstigen Verhältnissen und in guten Jahrgängen ist die blaue Zimmettraube eine sehr angenehme gewürzte Tafeltraube, welche sich wegen der Härte ihrer Beeren lange Zeit aufbewahren lässt.

Blaue Zimmttraube.

Taf. XII.

# Weisser Mosler.

Tafel XIII.

**Literatur und Synonyme:** v. Babo (Klassific. II, I, 3), pag. 169. Trummer (Klassific. II, 1), pag. 262, als Mosler, Luttenberger, Weisslabler, Ungarische, Moslovez, Shipon, Shipo, Shiponski, Poshipon, Maljak, Mainak, Malnik in Steiermark. Shams, Theil I, pag. 83, als Furmint oder Formint und Zapfner in der Gegend von Tokay und Oedenburg. Im übrigen Ungarn nach Dr. Entz als Tokauer und Tokayer, Szegszölö, Szalai, Szigeti, Kéknyelü, ferner als Somszölö in Siebenbürgen; als Bieli moslavac und Krhkopetec und sipelj in Croatien. v. Gock, pag. 87, mit Abbildung, Taf. XXVII, als edler weisser Tokayer. Victor Rendu, mit Abbildung Taf. 22. Comte Odart, pag. 307. Calwer, pag. 111, als edler weisser Tokayer, mit Abbildung, Tafel 19, Nr. 2.

Die in Deutschland als weisser Tokayer (Putzscheere) verbreitete Traubensorte (v. Babo, pag. 346) ist mit dem weissen Mosler nicht identisch, sondern wohl nur verwandt.

Der Name „Mosler“ hat mit dem Fluss „die Mosel“ keine Beziehung, vielmehr kann man annehmen, dass der Mosler in Moslawina (Militärgränze) zu Hause ist und von da nach Croatien, Ungarn und Steiermark verbreitet wurde, was auch A. v. Babo in seinem „Bericht über die Weinbau treibenden Kronländer Oesterreichs,“ pag. 8, und Dr. W. Hamm in seinem „Weinbuch“ 1874, pag. 236 ausgesprochen haben.

## Beschreibung.

**Rebstock** stark mit grober Rinde. **Rebholz** dick, gelbbraun, dunkler gestreift, schwarz punktirt. **Knoten** stark hervortretend, dunkler gefärbt als das übrige Holz, 3—4 Zoll weit von einander entfernt. **Augen** dick rothbraun, etwas wollig.

**Blätter** gross, lederartig, rund, dreilappig, nicht tief eingeschnitten, ziemlich eben, mattgrün, oft schwarz gefleckt und punktirt, unten weissfilzig. **Bezahnung** ungleich, breit, gross, fast kuppelförmig. **Buchten** eng, meistens gedeckt. **Nerven** dick, etwas hervortretend grün, unten weissfilzig. **Blattstiel** dick, nahezu so lang als der Mittelnerv des Blattes, röthlich überlaufen, etwas filzig. **Blätter an den Triebspitzen** weisswollig mit gebogener Spitze.

**Traube** gross, locker, einfach, lang, der des gelben Orleans am ähnlichsten. **Traubenstiel** kurz, biegsam, grün mit röthlicher oder bräunlicher Färbung. **Knoten** unfruchtbar. **Beerenstielchen** lang, meist sehr dick, braun, wulstig, feinwarzig. **Beere** ziemlich gross, länglich, oft auch in's runde übergehend, gelblichgrün, bei voller Reife gelblich, mit kastanienbraunen Flecken auf der Sonnenseite, fein punktirt, geädert. **Narbe** gross, braun, vorstehend. **Beerenhaut** dick. **Saft** etwas schleimig, süss und angenehm. **Reifzeit** spät, nach dem gelben Muskateller.

**Vorkommen, Kultur und Verwendung.** Der Mosler ist in Ungarn, Steiermark und Croatien stark verbreitet, bildet in dem Tokayer und Luttenberger Weingebirg den Hauptsatz und ist dort schon seit urdenklichen Zeiten angepflanzt. In Steiermark ist er nach dem weissen Heunisch (Belina) die verbreitetste Traubengattung, welche den meisten steirischen Weinen den Charakter verleiht.

Der Mosler gedeiht nur in einer sehr guten warmen Lage und erreicht erst in leichteren Bodenarten die Güte, durch welche seine Weine einen Weltruf erhalten haben. Er wird gewöhnlich auf kürzere oder längere Zapfen geschnitten und zeichnet sich durch eine grosse Dauerhaftigkeit des Stockes und grosse Tragbarkeit aus. Auch in der Blüthe ist er nicht empfindlich, wenn die beiden Grundbedingungen seines Gedeihens, sehr gute warme Lage und hitziger Boden erfüllt sind.

Aus der Moslertraube werden in Ungarn die edlen Tokayer, Ruster und Oedenburger Ausbruchweine bereitet, da die Beeren in den dortigen sehr günstigen Verhältnissen leicht Zibeben bilden. Auch die edelsten steirischen Weine, als die Luttenberger, Kerschbacher, Pickerer u. a. m. bestehen zum grössten Theil aus dem Mosler, welcher in guten Jahren einen Zuckergehalt von 20—28 % und eine Säure von 6—8 ‰ bekommt. Die Moslerweine sind daher sehr alkoholreich, feurig und stark und dürften sich, abgesehen von der Verwendung zu Dessertweinen in Ausbrüchen, mehr zum Verschnitt mit anderen leichteren Weinen eignen, wozu sie auch grösstentheils verwendet werden, da in den meisten steirischen Weingebirgen der Mosler zugleich mit dem Heunisch und anderen geringeren Traubensorten angebaut und gekeltert wird.

Weifser Mosler.

Taf. XIII.

# Früher rother Velteliner.

Tafel XIV.

**Literatur und Synonyme:** v. Babo (Klassific. II, II, 2), pag. 202, als rothe Babotraube, früher Velteliner, italienischer Malvasier, rother Hartheinisch in Deutschland. Metzger-Babo, pag. 52, mit Abbildung, Heft II, Taf. XII. v. Gock, pag. 31. Single, pag. 46, als früher rother Malvasier mit Abbildung Taf. XIV. Trummer, pag. 129, als rothe Babotraube (Klassific. I, 2) in Steiermark. Weinlaube 1874, pag. 51, als Frührother in Niederösterreich. Dittrich, pag. 518, als italienischer rother Malvasier. Kölges, pag. 53, als rothe Babotraube. In Italien als Malvoisie oder Morillon rouge. In Croatien als Crvena Babovina, Dornfeld, pag. 23. Calwer, pag. 102, als rother früher Velteliner.

## Beschreibung.

**Rebstock** stark. **Rebholz** lang gestreckt, weit und flach gefurcht, dunkelbraunroth, schwarz punktirt. **Knoten** wenig vorstehend, dunkler gefärbt, bis 4 Zoll weit von einander stehend. **Augen** gross, hellbraun, abgestumpft.

**Blätter** gross, oft breiter als lang, dünn, glatt, schlaff, ziemlich tief eingeschnitten, fünflappig, oben dunkelgrün, mattschimmernd, unten heller und feinwollig. **Bezahnung** gross, unregelmässig stumpf. **Buchten** sehr ungleich, ausgeweitet. **Nerven** dick, zottig, hellgrün mit röthlichem Anflug. **Blattstiel** dick, nicht so lang als der Mittelnerv des Blattes, grün, ebenfalls röthlich gefärbt, schwarz punktirt. Das Blatt ist sehr ähnlich dem des rothen Velteliner, nur stumpfer gezähnt. **Blätter an den Triebspitzen** hellgrün mit röthlichem Anflug und feinwollig.

**Traube** ziemlich gross, in der Regel dicht, einfach. **Traubenstiel** dick, biegsam, warzig, hellgrün und schwarz punktirt. **Beerenstielchen** hellgrün, grau punktirt, fein warzig mit etwas verdicktem Wulst. **Beere** mittelgross, rundlich, hellroth schwarz punktirt, graublau beduftet, durchsichtig. **Narbe** grau, wenig vorstehend. **Beerenhaut** dick. **Saft** dünnschleimig, sehr süss und angenehm. **Reifzeit** früh.

**Vorkommen, Kultur und Verwendung.** Der frühe rothe Velteliner stammt aus dem Gumpoldskirchener Weingebirg in Niederösterreich, wo er unter dem Namen „Frühroth“ im Gegensatz zu dem als „Spätroth“ bezeichneten rothen Zierfahndler ziemlich stark angebaut ist und von da nach Ungarn und Deutschland vielfach verbreitet wurde. Bei dem am Gumpoldskirchener Weingebirg üblichen Kahlschnitt ist er nicht sehr fruchtbar, weshalb es zweckmässig erscheinen dürfte, ihn auf längere Schenkel zu erziehen, an denen der Kraft des Bodens angemessene kürzere oder längere Zapfen, zuweilen auch Bogen angeschnitten werden. Als früh zeitigende Traubensorte eignet er sich auch für weniger günstige Lagen und insbesondere als Hecken- oder Spalierstock an freistehende Rahmen oder Mauern und Gebäude mit östlicher oder westlicher Lage.

Der aus dem frühen rothen Velteliner bereitete weisse Wein hatte nach der „Weinlaube“ 1874, pag. 52, in den letzten 6 Jahren in Klosterneuburg durchschnittlich 21 % Zucker und 6,4 ‰ Säure und soll zu den lieblichsten, besten und geschmackvollsten der niederösterreichischen Weine zählen. Insbesondere hätte der den Gutedelweinen nahezu gleichkommende geringe Säuregehalt eine grosse Bedeutung und es würde diese Sorte wegen frühzeitiger Reife auch in ungünstigeren Weinlagen als Keltertraube Beachtung verdienen.

Ausserdem ist die Traube wegen ihrem schönen Ansehen, früher Reife und angenehmen Geschmack eine sehr schätzenswerthe Tafeltraube, welche überall gern gepflanzt und gesucht wird, so dass man diese Sorte in mehrfacher Beziehung empfehlen kann.

Früher rother Velteliner.

Taf. XIV.

# Weisser Burgunder.

Tafel XV.

**Literatur und Synonyme:** v. Babo (Klassific. II, II, 3), pag. 265, als weisser oder weissgelber Klevner oder Clävner, Weissarbst und weisser Roländer in Deutschland. Trummer (Klassific. II, 3), pag. 307, als weisser Klevner in Steiermark. Metzger-Babo, pag. 145 mit Abbildung, Heft 8, Taf. XLIV, als später weisser Burgunder und Weissklävler. v. Gock, pag. 7 als weissgelber Klevner. Single, pag. 48 mit Abbildung, Taf. XV, als weisser Burgunder. Dittrich, pag. 552, als weisser Burgunder. Stoltz, pag. 93, mit Abbildung Taf. 11, espèce Moréote variété blanche, ferner als Pinot oder Pineau blanc, Noirien blanc, Chardenay und Chardenet, Plant doré und fin plant doré, Epinette blanche, Blanc de Champagne, Morillon blanc, Auvernat oder Arnaison blanc im Elsass und in Frankreich. Kölges, pag. 112. Dornfeld, pag 26, in Ungarn als Burgundi fehér; in Croation als Biela Klevanjka. Victor Rendu, pag. 158 mit Abbildung, Planche 29. Odart, pag. 183.

Der hier zu beschreibende weisse Burgunder darf nicht mit den von Babo pag. 450 als früher weisser Burgunder oder von Trummer pag. 199 als echter weisser Burgunder aufgeführten Traubensorten verwechselt werden, da diese beiden letztgenannten als eine ganz besondere, dem weissen Ortlieber ähnliche Spielart zu betrachten sind. Die hier abgebildete Traubensorte gehört zur Familie der schon früher beschriebenen blauen Burgunder und Ruländer. Der bisher dafür übliche Name „weisser Klevner“ wurde dem im Jahre 1874 in Wiesloch gefassten Beschlusse der internationalen ampelographischen Commission gemäss in „weisser Burgunder“ umgeändert und der erstere Name ganz fallen gelassen.

## Beschreibung.

**Rebstock** hat ein mässiges Wachsthum. **Rebholz** dünn, hellbraun, schwarz punktirt und gestreift. **Knoten** eng, nur wenig verdickt. **Augen** vorstehend, spitz, braunroth, weisswollig.

**Blätter** länglich, drei- und fünflappig, kurz eingeschnitten, eben, glatt, hellgrün, mattglänzend, unten mehr blaugrün und etwas wollig. Verfärbung am Rande ins Gelbliche. **Bezahnung** fein, kurz und spitz, unregelmässig. **Buchten** sehr ungleich, oft auf einer Seite fehlend, etwas ausgeweitet, Mittellappen breit und kurz, Seitenlappen sehr gegen die Seite stehend, verbogen. **Nerven** ziemlich stark, etwas wollig. **Blattstiel** fast so lang als der Mittelnerv, kahl, dick, mit röthlichem Anflug. **Blätter an den Triebspitzen** gelbgrün und wollig.

**Traube** klein, kurz, dichtbeerig, in der Regel einfach. **Traubenstiel** kurz, dick, warzig, spröde. **Beerenstielchen** dünn, feinwarzig, mit braunem Wulst. **Beere** klein, länglich ins Runde, hellgelb durchscheinend, fein punktirt, schwach beduftet. **Narbe** hart und grau. **Beerenhaut** dünn. **Saft** dünnflüssig, sehr süss und aromatisch. **Reifzeit** sogleich nach dem blauen Burgunder.

**Vorkommen, Kultur und Verwendung.** Der weisse Burgunder ist eine französische Traubensorte, welche namentlich in Burgund und in der Champagne oft den grössten Theil des Rebsatzes ausmacht. Aus ihr werden die edelsten weissen französischen Weine, die Chablis und die Champagner bereitet. Von Frankreich kam sie nach dem Elsass und dem badischen Oberland. In neuerer Zeit wurde sie insbesondere durch die Herren Bronner in Wiesloch nach allen Theilen Deutschlands, Oesterreichs und Ungarns verbreitet, so dass jetzt allerwärts da, wo man auf Erzeugung edler Weine Bedacht nimmt, Anlagen von dieser Sorte zu finden sind.

Die Kultur des weissen Burgunder ist fast die gleiche, wie die der blauen Spielart. Er gedeiht fast in allen Lagen und unter allen Bodenverhältnissen, wird aber in flachem hügeligem Terrain mit kräftigem nicht zu leichtem Boden am meisten ertragreich und dauerhaft bleiben. Er verlangt je nach der Güte des Bodens einen kurzen oder längeren Schnitt und darf insbesondere in den ersten Jahren nicht zu früh angeschnitten werden. Der Stock ist dauerhaft, in der Blüthe wenig empfindlich gegen Winterfrost und daher auch für nördlichere oder höher gelegene Weingegenden zu empfehlen, besonders wenn er gut im Dünger erhalten werden kann.

Der weisse Burgunder ist jedenfalls eine sehr gute Keltertraube; seine Weine sind besser als die des Ortlieber und etwas geringer als die des weiss gekelterten blauen Burgunders. Sie eignen sich, wie die Weine der übrigen zur Burgunderfamilie gehörigen Traubensorten, ganz vorzüglich zur Champagnerbereitung. In guten Jahrgängen zeigt er durchschnittlich 20 Proc. Zucker und 6 pro mille Säure. Die weissen Burgunderweine sind insbesondere in der Jugend sehr geschätzt.

Weifser Burgunder.

Taf. XV.

# Blauer Kölner.

Tafel XVI.

**Literatur und Synonyme:** v. Babo (Klassific. III, II, 3), pag. 528, als Grobschwarze; Trummer (Klassific. I, 2), pag 29, als blauer Hainer, Grossblaue, Kölinger, Grossmilcher, blauer Milcher, Kavzhina oder Kapshina, Zherna laska oder Zhernina, Velka Zherna oder Velka Sipa in Steiermark. In Ungarn als Kölner Kek. In Croatien als Modra Kavcina. In Niederösterreich als Schaibkürn.

## Beschreibung.

**Rebstock** stark und dauerhaft. **Rebholz** nicht sehr dick, braunroth bis weissbraun mit hellerem Anflug, braun gefleckt und punktirt. **Knoten** dick, dunkler gefärbt, 3—4 Zoll weit von einander entfernt. **Augen** hellbraun zugespitzt.

**Blätter** fünflappig, ziemlich tief eingeschnitten, oben dunkelgrün, glatt und glänzend, unten graugrün mit feiner ablösbarer Wolle ganz oder netzförmig überzogen. **Bezahnung** gross, scharf, meistens doppelt, in den erweiterten Buchten zwischen Mittel- und Seitenlappen befindet sich in der Regel ein für diese Traubensorte ganz charakteristischer Zahn. **Mittellappen** sehr breit mit grossem langem Endzahn. **Nerven** stark, gefurcht, borstig. **Blattstiel** länger als der Mittelnerv des Blattes, roth überlaufen, borstig. **Blätter an den Triebspitzen** hellgrün und roth gestreift, wollig.

**Traube** sehr gross und ansehnlich von leuchtender, malerisch schöner Färbung, ästig, pyramidalisch. **Traubenstiel** 2—3 Zoll lang, stark, zähe, holzig, grün mit röthlichem Anflug. **Beerenstiel** dick, warzig, gelbgrün mit röthlichem Wulst. **Beere** gross, rund, dunkelblau, sehr stark weissduftig. **Narbe** fein grau. **Beerenhaut** dick, hart. **Saft** fleischig, süss und angenehm, dem Trollinger ähnlich. **Reifzeit** gleichzeitig mit der blauen Zimmettraube.

**Vorkommen, Kultur und Verwendung.** Der blaue Kölner kommt in Krain, Istrien und besonders in Steiermark vor und ist daselbst schon seit langer Zeit bekannt, was durch uralte Wandspalierstöcke bestätigt werden kann. Seine Verbreitung ist am stärksten in dem unteren Koloser Weingebirg Steiermarks und an der kroatischen Grenze und in Kroatien selbst, wo er den dortigen Weinen mit den Charakter verleiht. In Niederösterreich kommt er nur sporadisch vor; er ist durch seine leuchtend blauen, grossen und stark weissbedufteten Trauben schon von Weitem kenntlich, welche in Form und Grösse einer Trollingertraube nicht unähnlich sind.

Der Hauptvorzug des blauen Kölner besteht ausser dem schönen Ansehen in der geringen Empfindlichkeit des Stockes während der Blüthe und im Winter; er gedeiht überall, insbesondere an Hecken und Spalieren, wo er auf Bögen angeschnitten werden muss und dann eine ganz bedeutende Ausdehnung und Dauer erhält. Im Weingarten wird er gewöhnlich kürzer geschnitten. Seine Tragbarkeit ist der Grösse der Trauben entsprechend.

Der blaue Kölner ist eine sehr schöne Tafeltraube und liefert viel, aber geringeren, etwas wässerigen, nicht lange haltbaren Wein. Director Lambl in Kreuz rechnet ihn für Kroatien mit unter die guten Keltertrauben, welche viel, aber leider nicht genug gefärbten Wein giebt. Er hat in dieser Beziehung den gleichen Werth unter den blauen Trauben, wie die Gutedel unter den weissen und rothen Trauben. Er dürfte daher als Keltertraube nur zum Verschnitt mit besseren Sorten oder sauren Jahrgängen sich eignen, da der Säuregehalt ein mässiger zu nennen ist.

Nach den an der Weinbauschule in Marburg vorgenommenen mehrjährigen Untersuchungen hat er in besseren Jahrgängen einen Zuckergehalt von 15—16 Proc. und eine Säure von 6—8 pro mille. In Kroatien wird er natürlich viel reifer und liefert auch einen besseren Wein.

Blauer Kölner.

Taf. XVI.

# Weisser Elbling.

Tafel XVII.

**Literatur und Synonyme:** v. Babo (Classific II, II, 2), pag. 229, Kleinberger, Klämmer im Moselthal; Weissalbe, Weisselbling im Hardtgebirg; Süssgrober am Main; Rheinelbe, weisser Sylvaner im bad. Oberland; Trummer, pag. 106, Pezhek, Blesez, Luttenberschna, Kurzstingel in Steiermark; Stoltz, pag. 51, Burger, Rheinelbe im Elsass, mit Abbildung Tafel 6 und 7; Allemand, Vert doux, Gouais blanc, Facun blanc, Bourgeois, Mouillet in Frankreich; Biela zrebnina in Croatien; Elben fehér in Ungarn; Albana in Italien.

## Beschreibung.

**Rebstock** starkwüchsig, dauerhaft, mit rauher abspringender Rinde; **Rebholz** braun, gefurcht, schwarz, punktirt; **Knoten** etwas verdickt und vorstehend, dunkler als das Holz; **Augen** gross, stumpf, geschlossen und braun.

**Blätter** gross, stark verbogen, blasig, sich rauh anfühlend, wenig eingeschnitten, dreilappig; Form rund; Farbe dunkelgrün mit bläulichem Schimmer, unten gelblich-grün, etwas wollig, **Mittellappen** sehr gross und breit; desgleichen der **Seitenlappen**, welche nach vorn und oben verbogen sind; **Buchten** eng und meist überdeckt; **Bezahnung** gross, breit, ungleichmässig. **Nerven** oben flach, nach dem Stielpunkt zu geröthet, unten gelblich, ebenfalls röthlich, mit Borsten versehen; **Blattstiel** kurz, dick, borstig, gelbgrün mit Roth überlaufen; **Triebspitzen** röthlichgrün, kahl.

**Traube** gross, ästig, aber auch walzenförmig; nur bei gut verlaufener Blüthe gleichbeerig, sonst mit vielen kleinen Beeren versehen; **Traubenstiel** kurz, dick, geröthet und schwarz punktirt; **Beerenstiel** warzig, kurz und dick; **Beere** ziemlich gross, rund, bei dichtbeerigen Trauben länglich erscheinend, grüngelb, durchscheinend, graugrün beduftet. In guten Jahrgängen auf der Sonnenseite gebräunt und rostig; schwarz punktirt; **Narbe** klein; **Beerenhaut** sehr dünn und fein; **Saft** wässerig, dünn, ohne Aroma; **Reifzeit** ziemlich spät.

**Vorkommen, Kultur und Verwendung.** Der weisse Elbling wurde vermuthlich von den Römern (Columella's Albueli's) nach Deutschland eingeführt und überall verbreitet. Wir finden ihn an der Mosel, an der Nahe, am Niederrhein, in Rheinhessen bei Worms, an der Bergstrasse, bei Würzburg, in Württemberg und im ganzen Elsass bis hinauf in die Schweiz. Der Hauptgrund für die starke Verbreitung mag wohl die überaus grosse Tragbarkeit gewesen sein, durch welche sich die Sorte besonders auszeichnet, und so finden wir sie auch überall da eingebürgert, wo es sich um Massenproduction handelt und man weniger nach Qualität als nach Quantität fragt. In der Neuzeit nimmt jedoch der Anbau wieder ab.

Der weisse Elbling giebt in günstigen Jahrgängen ein sehr grosses Erträgniss, aber der Wein ist meistens leicht, wässerig, ohne Bouquet und wird am Lager gern zähe und schwer. Im Durchschnitt hat der Most 18—19 Procent Zucker und 6—7 pro mille Säure.

In der Blüthe ist der Elbling sehr empfindlich, röhrt gern ab, und hat desshalb viele unvollkommene kleine Beeren. Die Blätter wachsen gern in Ranken aus und die Traube fault leicht im Herbst.

Der Schnitt geschieht dem starken Wachsthum der Sorte entsprechend meistens auf Bogreben, deren man ihm bei Würzburg 2 und in Württemberg 3 bis 4 anschneidet. Auch zu der Kammer-Erziehung ist er geeignet. Er gedeiht — und das ist ein Vorzug der Sorte — wohl in jeder Bodenart und Lage; Düngung darf nur mässig angewendet werden.

v. Babo hebt das Ausarten der Sorte hervor und unterscheidet als Unterspielart einen Grob-Elben, gelben Elben und harten Elben. Ausserdem besitzen wir noch den rothen und den schwarzen Elbling, die nur in der Farbe von dem weissen Elbling verschieden sind, in ihren sonstigen Eigenschaften aber mit ihm übereinstimmen. Neuerdings findet man in Reb-Catalogen auch einen blauen Elben, der jedoch nichts von dem Charakter eines Elblings hat, sondern offenbar eine Spielart des blauen Trollingers ist.

Weifser Elbling.

Taf. XVII.

# Blaue Kadarka.

Tafel XVIII.

**Literatur und Synonyme:** v. Babo (Klassific. III, I, 3), pag. 418. Trummer (Klassific. I, 2), pag. 114, als blaue Ungarische, schwarzer Mosler in Steiermark. Schams, I. Theil pag. 135 und an anderen Stellen als Cerna Skadarka, Skakar und schwarzer Skutariner und nach Dr. Entz (Ofener Landesrebschul-Catalog Nr. 102) als Kadarka Keck, Jenei fekete (Biharbam), Csóka szölö (Nyne, Györ), Lúdtalpú und Keresztes levelü (Eger), Török szölö (Visonta), Fekete czigány (Muzcai, Beregm.) in Ungarn. Nach Lambl als Modra kadarka. braniçevka in Croatien, v. Gock, pag. 87, und Calwer II, pag. 112, als edler schwarzblauer Tokayer. Dornfeld, pag. 42. Ausserdem finden sich in der „Weinlaube“ 1871, pag. 249, schätzbare Notizen über diese Sorte. In Frankreich kommt sie nur in Traubensammlungen als Kadarkas vor.

## Beschreibung.

**Rebstock** in der Jugend sehr üppig wachsend. **Rebholz** gerade, ungleich gegliedert, rothbraun, dunkel gestreift und punktirt, mit wenig Ranken.

**Blätter** länglich verbogen, gross, dick, 3- bis 5-lappig, kurz eingeschnitten, die unteren Einschnitte oft nur schwach angedeutet, oben dunkelgrün, matt glänzend, etwas uneben, unten weissgrau, stark filzig. **Bezahnung** gross und breit. **Blattrippen** sehr grob, hellgrün, weissborstig. **Blattstiel** kürzer als die Mittelrippe, meist glatt, selten wollig, mit röthlichem Anflug. **Blätter an den Triebspitzen** gelblich grün, weisswollig, zuweilen mit bräunlichem Anflug.

**Traube** gross, einfach, dichtbeerig, oft mit fruchtbaren Knoten. **Traubenstiel** kurz, braunroth. **Beerenstiel** gelblich grün, mit kleinem Wulst, fein warzig. **Beere** rund, mittelgross, blau, klein und graunarbig, sehr dünnhäutig, saftreich, süss und gewürzhaft, fault nicht gern. **Reifzeit** etwas spät.

**Vorkommen, Kultur und Verwendung.** Die blaue Kadarka ist eine Ungarische Traubensorte, welche nach Schams wahrscheinlich aus Kleinasien eingeführt worden ist. Sie kommt hauptsächlich in Sirmien, im Menescher, Ofener und Villainer Weingebirg vor und ist die verbreitetste und werthvollste blaue Traubensorte Ungarns. Von hier kam sie nach Croatien, wo sie ebenso geschätzt wird, und nach Steiermark.

Die Kadarka wird in ihrer Heimat im Kopf- oder Kahlschnitt behandelt und scheint dabei ganz günstige Resultate zu liefern, so dass schon Schams von ihr sagte, sie sei das beste und edelste Gewächs der südlichen Weingegenden Ungarns und vereinigt in sich alle Vorzüge, welche den Winzer im Betracht auf Güte und Menge zufrieden stellen. Die Kadarka ist äusserst fruchtbar, wenig empfindlich und dürfte auch zu Versuchen in anderen Ländern auf besseren südlichen Lagen zu empfehlen sein. Sie wird in Ungarn nur in einer Höhe von drei Fuss meistens ohne Pfahl erzogen und verträgt diese kurze Behandlung während der Sommerzeit sehr gut, selbst auf die Dauer. Sie ist jedenfalls eine der vorzüglichsten Rothweintrauben, welche in guten Jahren 18 bis 20 Prozent Zucker, nur 6 bis 7 pro mille Säure und ein angenehmes Aroma liefert.

Die Kadarka ist die einzige blaue Traubensorte, welche Trockenbeeren zur Ausbruch-Weinbereitung giebt. Die meisten Ungarischen Rothweine bestehen aus ihr.

Nach Dr. Entz soll es in Ungarn noch eine rothe und eine weisse Kadarka, sowie mehrere Unterspielarten der blauen geben.

Blaue Kadarka.

Taf. XVIII.

# Weisser Riesling.

Tafel XIX.

**Literatur und Synonyme:** v. Babo (Klassific. III, II, 2), pag. 466, als Rieslinger, Riesler, Rösling, Gewürztraube, Klingelberger, Niederländer, Rheingauer, Hochheimer, am Rhein und in Deutschland überhaupt. Trummer (Klassific. I, 3), pag. 205, als Pfefferl, Graschevina, Gräfenberger, weisser kleiner Riessling, Kleinriesling, Rheinriesling in Steiermark. Metzger-Babo, pag. 154, mit Abbildung Taf. XLVI. v. Gock, pag. 24, mit Abbildung Taf. IV. Victor Rendu, pag. 280, mit Abbildung Taf. 45, als le petit Riesling oder Gentil aromatique in Frankreich. Odart, pag. 281. Stoltz, pag. 1, mit Abbildung Taf. 1, als Gentil aromatique, Karbacher, Rüssling im Elsass. Single, pag. 28, mit Abbildung Taf. VI, als weisser Riesling in Württemberg. Dornfeld, pag. 30. Kölges, pag. 483, als Rieslingtraube. Dittrich, pag. 542. Schams erzählt in seinem Werk Band II, pag. 289, dass der Rheinriesling schon vor dem Jahr 1830 in Weisskirchen und Werschetz sehr verbreitet gewesen sei und auf Illyrisch Graschevina genannt werde. Dr. Entz führt ihn im Ofener Catalog unter Nr. 46 als Grauer Riesling auf, mit dem in Ungarn gebräuchlichen Namen Rizling rajnai. Lambl führt für Croatien einen weissen Kleinriesling als Biela disuca grasiva und einen weissen Riesling ohne Kern als Biela grasevina beg pecke an.

## Beschreibung.

**Rebstock** von mässigem Wachsthum, oft sogar schwachwüchsig. **Rebholz** gerade wachsend, flach gefurcht, hellbraun mit weisslichem Schimmer, auch silberfarbig, schwarz punktirt, fest. **Knoten** flach gedrückt, ziemlich eng. **Augen** dunkelbraun mit weisswolliger Spitze.

**Blätter** ziemlich klein, rund, dick, rauh und runzlich, meist tief eingeschnitten mit verbogenen Lappen, oben graugrün, unten heller mit häufig eintretenden gelben Flecken. **Bezahnung** gross und breit. **Blattrippen** sehr dick. **Blattstiel** fast so lang als die Mittelrippe, dick, röthlich, etwas wollig und warzig. **Blätter an den Triebspitzen** gelblichgrün, fein, wollig, mit schwach röthlichem Anflug.

**Traube** klein, dicht, ästig, sehr veränderlich in Form. **Traubenstiel** kurz, dick, holzig, hellgrün mit rothem Anflug. **Beerenstiel** kurz, dick, grobwarzig mit braunem Wulst. **Beere** klein, rund, hellgelb, grün geadert, schwarz punktirt, durchscheinend, bei voller Reife mit braunröthlichem Anflug und weissduftig. **Narbe** klein und grau. **Beerenhaut** dick, fleischig. **Saft** süss, aromatisch, mit einem dieser Sorte ganz eigenthümlichem, feingewürztem Geschmack. **Reifzeit** spät, weshalb diese Sorte wegen Härte der Beerenhaut sehr lange hängen bleiben kann.

**Vorkommen, Kultur und Verwendung.** Alle Ampelographen stimmen überein, dass der Kleinriesling am Rhein entstanden sei und sich daselbst schon seit urdenklichen Zeiten vorfindet, was um so mehr Glauben verdient, weil der Riesling sonst nirgends als eine heimische Pflanze vorkommt und vom Rhein aus erst seine Verpflanzung in die anderen Länder stattfand. Der Riesling hat in einigen Weingegenden des Rheinthals, z. B. im Rheingau, bereits die meisten anderen Traubensorten wegen seiner vielen guten Eigenschaften verdrängt und auch in anderen Theilen des südwestlichen Deutschlands, in Oesterreich, Ungarn und Italien ist seine Verbreitung stets im Zunehmen begriffen, weil er unstreitig das beste Material für die edelsten weissen Weine liefert. Um seine volle Güte zu erreichen, verlangt er bei uns eine sehr gute warme Lage und warmen, nicht zu schweren Boden, welcher durch öftere Düngung in der nöthigen Kraft erhalten werden muss. Ein niederer Kopf- oder Bogenschnitt sagt ihm am besten zu. Nur bei sehr günstigem Standort kann man ihm, am besten ein Jahr ums andere, kürzere Bögen anschneiden. Der Riesling liefert keine Massenerträge, sondern entwickelt, wegen seiner geringen Empfindlichkeit gegen Frost und ungünstige Witterung, mehr eine mässige, aber beständige Tragbarkeit, so dass er selten ganz mit Ertrag aussetzt. Die Trauben müssen sehr spät gelesen werden, halten sich sehr lange und liefern in halbfaulem oder „edelfaulem“ Zustand die vorzüglichsten Weine, welche als Johannisberger, Steinberger, Markobrunner, Geisenheimer, Rüdesheimer, Liebfrauenmilch, Niersteiner, Oppenheimer, Klingelberger, Stein- und Leistenwein sich bereits einen Weltruf erworben haben. Der Hauptwerth dieser Weine besteht in dem dem Riesling eigenthümlichen Bouquet, welches durch längeres Stehenlassen der Maisch auf den Hülsen erst vollständig aus den Beeren herausgezogen wird. Dieses Bouquet verdeckt auch den verhältnissmässig hohen Säuregehalt der Rieslingweine, welche in guten Jahren 10 bis 12 Procent Alkohol und 6 bis 7 pro mille Säure enthalten. Zur Erzeugung edler Weissweine bleibt der Riesling bis jetzt die geeignetste und werthvollste Traubensorte.

Der rothe Riesling ist nur eine durch rothe Farbe der Beeren von dem weissen Riesling verschiedene Spielart. Der grüne, gelbe, rothstielige und Grobriesling sind nur als nicht constante Abänderungen oder Ausartungen des weissen Riesling zu betrachten.

Ueberhaupt muss man beim Kleinriesling darauf achten, nur von solchen Stöcken das Holz zur Vermehrung zu nehmen, welche sich durch Tragbarkeit und vollkommene Trauben, sowie gesundes Wachsthum auszeichnen, weil er sonst gern ausartet.

Weifser Riefsling.

Taf. XIX.

# Blauer Wildbacher.

Tafel XX.

**Literatur und Synonyme:** Trummer (Klassific. I, 3), pag. 212, als Wildbacher, grosser Mauserl, Gutblaue, Kleinblaue, blauer Kracher, blauer Greutler oder Gräutler, echter blauer Wildbacher und Schillertraube in Steiermark. v. Babo (Klassific. III, II, 2), pag. 453, in Kroatien als Dioljak.

## Beschreibung.

**Rebstock** mittelstark. **Rebholz** dünn, schlank, glatt, fein, gefurcht, hellroth. **Knoten** engstehend. **Augen** weisswollig.

**Blätter** rund, dünn, mittelgross, dreilappig, wenig eingeschnitten, oben dunkelgrün, fast glatt, unten nackt, nur an Rippen schwach behaart. Verfärbung ins Rothbraune. **Bezahnung** kurz und stumpf. **Blattrippen** nach dem Stiel zu röthlich. **Blattstiel** etwas kürzer als die Blattrippe, dünn, borstig, blauroth. **Blätter an den Triebspitzen** weisswollig.

**Traube** klein, dicht, oft sehr verändert. **Traubenstiel** kurz, roth gestreift und gefleckt, oft mit fruchtbaren, stark verdickten Knoten. **Beerenstiel** lang, dünn, fein warzig. **Beere** klein, rund, dunkelblau, weissduftig, fein punktirt, meist 3-kernig. **Narbe** klein, grau. **Beerenhaut** dünn, fest. **Saft** dünn, säuerlich. **Reifzeit** mittlere.

**Vorkommen, Kultur und Verwendung.** Der blaue Wildbacher ist eine in den nordwestlichen deutschen Weingegenden Steiermarks fast ausschliesslich in ganz reinen Sätzen angebaute Traubensorte, welche in der Gegend von Wildbach bei deutsch Landsberg aus Samen entstanden sein soll. Sie wird dort schon seit urdenklichen Zeiten kultivirt und kommt in solch urwüchsigem, fast wildem Zustand vor, dass ohne Zweifel ihre Heimath hier angenommen werden kann. Diese ganze Gegend, wo der Wildbacher ausschliesslich angebaut wird, nennt man nach der Farbe der aus ihm bereiteten Weine die „Schilchergegend.“ Die Weingärten dieser Gebirgsgegend umfassen, bei einer Höhe von 12—1600 Fuss über dem Meeresspiegel eine Gesammtfläche von 6000 Joch, liefern durchschnittlich 25 Eimer auf dem Joch im Werth von 4—5 Gulden Oesterr. Währg., was einer jährlichen Gesammtproduktion von ca. 150.000 Eimer im Werth von 677.000 Gulden gleichkommt. Die Verbreitung des Wildbacher in anderen Gegenden ist unbedeutend, weil günstige Weinlagen jedenfalls mit qualitativ besseren Sorten vortheilhafter ausgenützt werden können.

Die verschiedenen Verhältnisse, unter welchen der Wildbacher dorten angebaut wird, bestätigen, dass derselbe eine durchaus harte unempfindliche Sorte ist, welche in jeder Lage, jedem Boden und bei jeder Erziehungsart gedeiht. Er wird gewöhnlich kurz geschnitten und entwickelt direkt aus dem alten Holz reichtragende Fruchtruthen. Es kommen aber auch alte Schenkelstöcke von 3—4 Fuss Höhe vor, welche bisweilen armsdick werden und trotzdem ihre unverwüstliche Tragbarkeit bewahren. Auch an Hecken auf Bögen und Zapfen geschnitten ist er sehr empfehlenswerth. Trotzdem die Trauben zur gewöhnlichen Herbstzeit reifen, lässt man sie doch gern länger hängen, weil sie nicht leicht faulen, von den Vögeln nicht zu leiden haben und dann einen besseren Wein liefern. Der Wein hat eine hellrothe Farbe, eigenthümliche herbe Säure, an welche man sich erst gewöhnen muss, so dass er nur für den lokalen Absatz und Verbrauch im Land sich eignet. In guten Jahren und Lagen erreicht er 17—18 Procent Zucker, hat 8—9 pro mille Säure und wird hauptsächlich im deutschen Theil der Steiermark consumirt.

Der frühblaue, schlehenblaue, späte blaue und rothblätterige Wildbacher sind nicht constant bleibende und weniger werthvolle Unterspielarten der hier beschriebenen Sorte.

Blauer Wildbacher.

Taf. XX.

# Gelber Ortlieber (Knipperle.)

Tafel XXI.

**Literatur und Synonyme:** v. Babo (Klassific. III, I, 2), pag. 339. Räuschling und Ortlieber am Niederrhein, im Rheingau und am Kaiserstuhl; Tockauer, Runganer und Colmer in der Gegend von Offenburg; Kleiner Räuschling, Türkheimer, Kleiner Riessling und Kipperle am Kaiserstuhl; Factor, Elsasser bei Bühl in Baden; weisser Burgunder, weisser Rulander, Knackerle an der Bergstrasse; Trummer (Klassific. I, 3); weisse Kauka am Janinaberg bei Rohitsch; Stoltz, pag. 129, Petit mieulleux, kleiner Methsüsser, Kleinräuschling, Ettlinger, Reichenweiherer; C^te Odart, pag. 294; im Elsass besonders bekannt als Knipperle und kleiner Räuschling, weniger als Ortlieber.

## Beschreibung.

**Rebstock** stark wachsend, **Rebholz** rothbraun mit vielen schwarzen erhabenen Punkten, weisslichen Flecken und braunen Streifen. **Triebspitze** dunkelgrün, stark wollig, aufrecht stehend. Stengel röthlich angelaufen.

**Blätter** mittelgross bis gross, dick, lederartig, meist ganzrandig, nur wenig eingeschnitten, flach, nicht verbogen, ausgeprägt fünfeckig, oben dunkelgrün, mattglänzend, unten graugrün, wollig. **Buchten** fehlen meistens. **Stielbucht** bei jungen Blättern überdeckt, spitzwinklig, bei älteren Blättern offen. **Bezahnung** ganz ungleich, durch einzelne tiefere Einschnitte unterbrochen. **Knöpfchen** gross, braun. **Rippen** auf der Unterseite leicht röthlich, zottig und mitunter borstig. **Blattstiel** grün, carminroth verwaschen und gestreift.

**Traube** klein, einfach, selten ästig, mit sehr dicht gedrängten, doppeltstehenden Beeren. **Traubenstiel** kurz, dick, bis zum Knoten, welcher meist unfruchtbar ist, verholzt, unterhalb des Knotens gelbgrün, bricht bei voller Reife der Traube leicht am Knoten ab; **Beerenstiel** kurz, dick, warzig, hellgrün. **Beeren** grün, mittelgross bis klein, durch den gedrängten Stand oft eckig, stark weissgrau beduftet, schwarz punktirt, bei voller Reife durchscheinend. **Narbe** gross. **Beerenhaut** dünn. **Saft** dünnflüssig, süss, angenehm. **Reifzeit** die mittlere.

**Vorkommen, Cultur und Verwendung.** Der Ortlieber hat seine Heimath im Elsass. Durch einen Weingärtner Ortlieb von Reichenweiher Ende vorigen Jahrhunderts besonders empfohlen, verdrängte er an vielen Orten den weissen Elbling (Burger, Plant commune) und fasste auch am Kaiserstuhl, bei Offenburg und am Niederrhein Fuss. Die Sorte hiess ursprünglich Ettlinger oder kleiner Räuschling; später nannte man sie Knipperle oder nach ihrem Verbreiter Ortlieber.

Die elsässische Weinproduction, durch die Concurrenz der billigen und zugleich guten französischen Weine mehr oder weniger gedrückt, richtete ihre Bemühungen der Sachlage entsprechend weniger auf die Qualität als auf die Quantität, und so war ihr eine Sorte um so mehr willkommen, wenn sie nur möglichst grosse Erträge gab. Der Ortlieber gehört unbestritten zu den ertragreichsten Rebsorten und dieser Umstand sicherte ihm wohl hauptsächlich seine starke Verbreitung im Elsass. 40—50 Trauben an einem Stock sind gar nicht selten und Weinberge von kräftiger Bodenart, welche rein mit Ortlieber bestockt sind, haben schon vom Hectare bis zu 100 und sogar 150 Hectoliter Wein gegeben. Aber auch noch eine andere Eigenschaft macht ihn den Elsässern lieb und werth, nämlich seine Unempfindlichkeit in der Blüthe. Er röhrt nicht ab und wenn die leider im Elsass ziemlich häufig vorkommenden Spätfröste alles ruinirt haben, so ist es der Ortlieber, dessen Beiaugen noch Trauben bringen. Ausserdem besitzt er noch die sehr schätzenswerthe Tugend, dass seine Trauben mittelfrüh reifen und noch in Jahren zeitig werden, wo die übrigen Sorten sauer bleiben. Schliesslich kann man von ihm sagen, dass er vermöge seiner grossen Vegetationskraft überall gedeiht, sogar in geringen Lagen und dürftigen Bodenverhältnissen. Dabei ist der Ortlieber-Wein mild und angenehm zu trinken und eignet sich gut zum Verschneiden mit stärkeren Weinen.

Diesen vielen Vorzügen stehen aber auch eine Reihe schlechter Eigenschaften entgegen, welche schwer in's Gewicht fallen. Es fault nämlich keine Sorte so gern und so leicht als der Ortlieber. Wenn es im Herbst Regentage giebt, muss der Ortlieber sogleich gelesen werden, wenn man nicht grosse Verluste haben will. So ist man in manchen Jahren nicht in der Lage, die Trauben bis zur vollkommenen Reife hängen zu lassen und das übt gerade keinen günstigen Einfluss auf die Qualität des Weines aus. In anderen Lagen wird der Ortlieber auch vom Sauerwurm übel heimgesucht.

Der Wein ist leicht und klärt sich lange nicht; er wird gern schwer und lässt (ausser bei ganz guter Behandlung) schon nach 2 Jahren nach. Er muss desshalb bald verbraucht werden und taugt nicht auf Lager. Gerade dieser Eigenschaften wegen soll man den Ortlieber nicht in zu kräftige, sondern mehr in mittlere und auch magere Böden und wärmere Lagen pflanzen. Im Ober-Elsass erzieht man von jedem Stock 2 oder 3 Schenkel auf 1 Meter Höhe und schneidet einem jeden Schenkel einen oder auch manchmal zwei Bögen von 15—20 Augen an, welche man abwärts an den Pfahl bindet. Es würde sich fragen, ob nicht eine niedrigere Erziehung einen guten Einfluss auf die Qualität des Weines ausüben würde. Geradezu nöthig ist das theilweise Entlauben der Stöcke vor der Reife als Schutz gegen das Faulen; auch soll man wegen der Weichheit des Weines verhältnissmässig wenig düngen. Während der Ortlieber-Stock schon im dritten Jahr tragbar wird, lässt er auch in gewöhnlichen Böden bald nach; es kommen aber in Granitböden Beispiele von grosser Haltbarkeit vor.

Gelber Ortlieber.

Taf. XXI.

# Früher blauer Wälscher (Laska).

Tafel XXII.

**Literatur und Synonyme:** Trummer (Klassific. I, 2), pag. 184, als früher blauer Wälscher, Lashka oder Laska moder oder modrina, blaue Selenika, Frühblaue, wälsche Barttraube, in Steiermark. v. Babo (Klassific. III, II, 3), als Laska in Deutschland. Auch in der „Weinlaube" 1872, pag. 301 und pag. 336 finden sich schätzenswerthe Notizen über diese Traubensorte. In Croatien wird sie nach Lambl Rana vlaska modrina genannt.

## Beschreibung.

**Rebstock** von mässigem Wachsthum. **Rebholz** dunkelbraun, gestreift, **Knoten** ziemlich engstehend, vor der Reife roth gestreift. **Augen** kuppelförmig dunkelbraun.

**Blätter** mittelgross, dick, lederartig, dreilappig, rund, kurz eingeschnitten, nach oben verbogen, auf der oberen Seite dunkelgrün mit mattem Glanz, unten heller, an Rippen und Nerven rauhhaarig und borstig. **Bezahnung** kuppelförmig, gross, kurz und stumpf mit braungelben, später weiss werdenden Knöpfchen. **Buchten** sehr unregelmässig, oft ganz fehlend. **Nerven** gelblichgrün, stark hervortretend, unten röthlich. **Stielpunkt** weissfilzig. **Blattstiel** dünn, roth, meist kürzer als die Hauptblattrippe, borstig. **Blätter an den Triebspitzen** gelblich grün, fein wollig.

**Traube** klein, kurz, ungleichbeerig, dichtästig. **Traubenstiel** dünn, gelb, warzig. **Beerenstielchen** ziemlich dick, kurz, warzig, mit röthlichem Wulst. **Beere** rund, oft sogar platt gedrückt, dunkelblau mit röthlichem Schimmer, etwas punktirt, stark beduftet. **Narbe** braun, fühlbar, aufsitzend. **Beerenhaut** dünn. **Saft** dünnflüssig, süss. **Reifzeit** fast gleichzeitig mit dem blauen Portugieser, also frühzeitig.

**Vorkommen, Kultur und Verwendung.** Diese Traubenvarietät findet sich in den steirischen Weingärten, dem Windisch, Bühelner Weingebirg bei Marburg, Speisenegg, Sulzerberg und Witschein in grösserer und kleinerer Anzahl schon seit langen Zeiten, wird von der Bevölkerung „Frühblaue" genannt, muss zeitiger als die anderen Trauben gelesen werden und dient theils als frühe blaue Tafeltraube, theils mit den anderen blauen Traubensorten Steiermarks gemischt zur Bereitung von Rothwein. An den dunkelgrünen, mattglänzenden, kuppelförmig gezähnten Blättern und sich früh färbenden stark bedufteten Trauben ist sie leicht kenntlich und kann leicht ausgelesen werden, da sie selten in reinen Sätzen vorkommt. Aus Steiermark wurde sie durch den verstorbenen Herrn Oekonomierath Bronner, welcher dieses Land bereiste, nach Baden und Württemberg gebracht und durch den Sohn dieses Oenologen, den Herrn Rebschulenbesitzer Carl Bronner in Wiesloch, in ganz Deutschland verbreitet.

Der Rebstock kommt fast überall fort, selbst in ungünstigeren Lagen, liebt aber etwas schweren Boden, erfordert eine niedere Erziehungsart mit Zapfenschnitt, wobei er hinlänglich Holz entwickeln kann und zeichnet sich unter solchen Verhältnissen durch reichliche Tragbarkeit aus. Er dürfte selbst in höher gelegenen Weingebirgen als frühe blaue Traubensorte immerhin empfehlenswerth sein, obgleich der Wein jedenfalls geringer als der Portugieser Wein ist.

Der Most hatte nach den Beobachtungen an der Marburger Weinbauschule in mittleren Jahrgängen 18 Proc. Zucker und 7 pro mille Säure. In sehr guten warmen Herbsten bildet diese Traubensorte sogar Zibeben.

Früher blauer Wälscher.

Taf. XXII.

# Rother Veltliner.

Tafel XXIII.

**Literatur und Synonyme:** v. Babo (Klassific. II, II, 2), pag. 206, als grosser rother Veltliner, Vältliner, Fleischtraube, Feldleiner, Rothlichter, Feltliner in Deutschland. Trummer (Klassific. II, 2), pag. 274, als rother Veltliner, Ranfler, Ranfolina, Rothreifler, Ariavina männliche, Belo oka, Buzyn, Erdezha, Erdezka Rabolina, Maucnjk in Steiermark. Metzger-Babo, pag. 205 mit Abbildung, Heft XI, Taf. LXVI, als rother Välteliner. v. Gock, pag. 30 mit Abbildung, Taf. VII, als rother und fleischrother Veltliner. Single, pag. 58, als Velteliner. Dittrich, pag. 574, als rother Välteliner. Stoltz, pag. 69 mit Abbildung, Taf. 9 und 10, als Valtelin rouge und Valteliner in Elsass und Frankreich. Kölges, pag. 607, als rother Välteliner. Dornfeld, pag. 23. Calwer, pag. 101 mit Abbildung, Taf. 23 Fig. 1, als rother Veltliner. Nach Lambl in Croatien als Crvena valtelinka. Nach Dr. Entz in Ungarn als Veltelini piros, Csúcsos bákor, Nagyságos. In der Weinlaube 1874, pag. 49, finden sich sehr schätzenswerthe Angaben über die Velteliner Rebe. In Böhmen als Ryvola cervená. Der rothweisse und mittelgrosse rothe Velteliner sind nur in Farbe und Grösse der Beere abweichende Spielarten des rothen Velteliner. Der in Niederösterreich sehr verbreitete grüne Velteliner gehört seinem ganzen Habitus nach nicht zur Familie der Velteliner. Die für den rothen und grünen Velteliner in Niederösterreich allgemein gebräuchlichen Bezeichnungen „Roth- und Grün-Muskateller" sind nur irrthümliche locale Benennungen und keine wahren Synonyme, da man darunter ganz andere Traubensorten mit starkem Muskatellergeschmack versteht, welchen die Velteliner gar nicht besitzen. Die jetzt noch in Val-Tellina vorkommende Rossera oder Rossola soll nach Cerletti der rothe Velteliner sein.

## Beschreibung.

**Rebstock** ziemlich kräftig. **Rebholz** dunkelbraun, gestreift, schwärzlich punktirt. **Knoten** 3—4 Zoll weit von einander, dunkler als das übrige Holz. **Augen** braun, geschlossen, wenig wollig.

**Blätter** gross, dünn, weich, glatt und glänzend, tief eingeschnitten 5lappig, oben dunkelgrün, unten graugrün, wollig bis filzig, je nachdem der Stock mager oder fett steht. **Bezahnung** gross und scharf mit mehreren kleineren Zähnen abwechselnd. **Blattrippen** röthlich, borstig. **Blattstiel** kürzer als die Mittelrippe, röthlich und borstig. **Blätter an den Triebspitzen** zottig, dunkelgrün mit Roth überlaufen.

**Traube** gross, dicht, ästig, pyramidenförmig. **Traubenstiel** kurz, dick, roth, fest mit unfruchtbaren Knoten. **Beerenstielchen** dünn, lang, hellgrün, warzig. **Beere** ziemlich gross, länglich in's Runde, ungleich, hellroth, schwarz punktirt, durchschimmernd grau beduftet. **Narbe** gross. **Beerenhaut** dick. **Saft** dünn, wenig schleimig, süss. **Kerne** 2—3, dunkelbraun mit grüner Spitze. **Reifzeit** etwas spät, oft noch ehe die Beere ganz roth wird, was sehr selten der Fall ist.

**Vorkommen, Kultur und Verwendung.** Der rothe Velteliner soll aus dem Val Tellina, dem Theil des Adda-Thales stammen, welches sich vom Como-See bis zum Stilfser Joch an der Grenze von Oberitalien und der Schweiz hinzieht, und von da nach Süddeutschland und Oesterreich verbreitet worden sein. Man findet diese Traubensorte besonders in Württemberg und in Niederösterreich. In letzterem Lande bildet sie bei Langenlois den Hauptsatz und macht dem grünen Velteliner noch in manchen anderen Gegenden den Rang streitig. Der rothe Velteliner verlangt einen kräftigen, mehr schweren als leichten Boden und einen kurzen Kopf-, Bock- oder Kahlschnitt, da seine Bewurzelung nicht sehr kräftig und ausgebreitet ist. Oeftere Düngung ist bei ihm nothwendig. Unter den geschilderten Verhältnissen entwickelt er eine beträchtliche Tragbarkeit. Der Most giebt in guten Jahrgängen ein vorzügliches Produkt. Nach den Aufzeichnungen in Klosterneuburg gab er in den 6 Jahren von 1868 bis 1873 im Durchschnitt jährlich 19.9 Proc. Zucker und 8.6 pro Mille Säure. In guten Jahrgängen ist der rothe Velteliner Wein jedenfalls einer der besten niederösterreichischen Weine, während er sonst zu viel Säure besitzt. Trotz seiner vielen guten Eigenschaften verbreitet sich der rothe Velteliner nicht sehr stark und tritt sonst nur, mit Ausnahme der vorerwähnten Gegend in Niederösterreich, in den Weingärten sporadisch auf.

Rother Veltеliner.

Taf. XXIII.

# St. Laurent.

Tafel XXIV.

**Literatur und Synonyme:** Lorenztraube in Württemberg. Trummer Nachtrag, pag. 101. Ob diese Sorte aus St. Laurent im südlichen Frankreich oder aus Italien stammt, wo es mehrere blaue Trauben dieses Namens gibt, konnte bis jetzt noch nicht festgestellt werden.

## Beschreibung.

**Rebstock** kräftig und sehr regelmässig wachsend. **Rebholz** hellbraun mit dunkleren Streifen und zahlreichen Rostpunkten. **Knoten** gleichmässig verdickt. **Augen** dunkelbraun. **Triebspitzen** gelblichgrün mit weissem, wolligem Flaum.

**Blätter** mittelgross, steif, lederartig, getragen, im Allgemeinen nur wenig eingeschnitten; die untersten Blätter zeigen jedoch oftmals tiefe Buchten, so dass man tief eingeschnittene und ganz runde Blätter an ein und demselben Stock findet. **Farbe** matt dunkelgrün ohne Glanz; **Verfärbung** in lebhaftes Carminroth. **Bezahnung** ungleich mit seichten und tieferen Einschnitten, kuppelförmig. **Nerven** auf der oberen Blattseite flach, hellgrün, unten stark hervortretend, gelblichgrün mit etwas wolligem Flaum, **Blattstiel** dick, **Stielpunkt** sehr gross.

**Traube** pyramidal, oben mit einigen Aesten, auch einfach; ziemlich dichtbeerig. **Traubenstiel** lang, dick, hängend. **Knoten** stark hervorstehend, unfruchtbar. **Beere** schwarzblau, oval, nach dem Stiel zu etwas verjüngt, hellblau beduftet, mit Rostpunkten versehen. **Beerenhaut** dick. **Beereninhalt** süss, dünnflüssig. **Reifzeit** früh.

**Vorkommen, Kultur und Verwendung.** Der St. Laurent stammt aus Frankreich, von wo ihn Oekonomierath Bronner in Wiesloch vor nicht langer Zeit als Tafeltraube erhielt und ihn bald, nachdem er seine Vorzüge erkannt hatte, in grösserer Menge als Weinbergstraube anbaute und verbreitete. Insbesondere hat sich sein Sohn, der Rebschulenbesitzer Carl Bronner in Wiesloch, grosse Verdienste um die Verbreitung dieser Traubensorte in Deutschland erworben. Man kennt übrigens in Frankreich keine Sorte dieses Namens und so dürfte sie ursprünglich einen anderen Namen tragen und irrig mit einem falschen Namen belegt worden sein; Nachforschungen in der Umgegend der Bezugsquelle, den berühmten Weinorten St. Julien, Chateau Lafitte und Chateau Latour ergeben eine Aehnlichkeit mit Malbec und Cabernet, welche dort gebaut werden. Vielleicht hat auch die Sorte ihren Namen von der Ortschaft St. Laurent bekommen, welche in der dortigen Gegend liegt.

Der St. Laurent zeichnet sich durch grosse Fruchtbarkeit, frühe Reife und Genügsamkeit in Bezug auf Lage und Boden aus; nur sollte man ihn nach den bis jetzt vorliegenden Erfahrungen mehr in kalkhaltige als in thonige Böden bringen, welche sehr gut in Dünger gehalten werden müssen. Er verlangt einen kurzen Schnitt auf Halbbögen oder Ruthen von 6—10 Augen; bei langem Schnitt würde er sich bald übertragen. Der Wein hat auch in ungünstigen Jahrgängen eine schöne, dunkelrothe Farbe und ähnelt im Geschmack einem leichten Bordeaux-Wein.

Die Sorte hat — Dank den Bemühungen des verstorbenen Single — in Württemberg, und dort besonders in den weniger günstigen Lagen der Albtraufe, starke Verbreitung gefunden und erfreut sich einer grossen Beliebtheit. Ueberall da, wo man einen leichten, angenehmen Rothwein produciren will, sollten mit dieser Sorte Versuche angestellt werden.

St. Laurent.

Taf. XXIV.

# Rothgipfler.

Tafel XXV.

**Literatur und Synonyme:** Trummer (Klassific. II, 2), Nachtrag pag. 125, als weisser Rothgipfler, Reifler, weisser, grüner und grober Reifler in Oesterreich. Single, pag. 53, als weisser Rothgipfler in Württemberg, mit Abbildung Taf. XVII. Dornfeld, pag. 29. In Croatien nach Lambl als Slatki zelenac.

## Beschreibung.

**Rebstock** von mittlerem Wachsthum, dauerhaft, nicht empfindlich und sehr tragbar. **Rebholz** kräftig, graubraun, bläulich gestreift. **Knoten** ziemlich engstehend.

**Blätter** mittelgross, rundlich, etwas dick, rauh wie beim Kleinriesling, fünflappig, ziemlich tief eingeschnitten, oben dunkelgraugrün, unten gelblichgrün, feinwollig. **Bezahnung** halbkuppelförmig, klein, ungleich. **Stielbucht** geschlossen. **Rippen** roth und wollig. **Blattstiel** kurz, dick, braunroth überlaufen, zottig. **Blätter an den Triebspitzen** weisswollig mit rothen Streifen und Rand, wovon diese Sorte ihren Namen erhalten hat zum Unterschied von dem in ihrer Heimath vorkommenden Weissgipfler oder grünen Velteliner mit weissen Triebspitzen.

**Traube** mittelgross, dicht, ästig, pyramidenförmig. **Traubenstiel** kurz, dick mit meist fruchtbaren Knoten. **Beerenstiel** dick, sehr warzig. **Beere** länglichrund, regelmässig, der Beere des grünen Velteliner sehr ähnlich, sehr stark punktirt, hartschalig, grünlichweiss, bei voller Reife durchscheinend, auf der Sonnenseite bräunlich und sehr süss. **Reifzeit** etwas spät, aber früher als beim Kleinriesling.

**Vorkommen, Kultur und Verwendung.** Der Rothgipfler stammt aus Niederösterreich, wo er an den östlichen Ausläufern des Wiener Waldes bei Perchtholsdorf, Mödling, Gumpoldskirchen, Klosterneuburg und Baden besonders in niederen und hohen Lagen einen grossen Theil des Rebsatzes ausmacht. Von Oesterreich wurde er durch die „Stuttgarter Weinverbesserungs-Gesellschaft," insbesondere durch Single, in Württemberg verbreitet und hat sich nach dessen Angaben daselbst bestens bewährt, so dass seine Verbreitung auch in anderen Weinländern zunehmen wird. Die Hauptvorzüge des Rothgipfler sind: grosse Härte gegen Winterfrost, geringe Empfindlichkeit während der Sommerszeit, grosse Tragbarkeit und entsprechende Güte des Weins.

Der Stock gedeiht auf jedem Weinbergsboden und entwickelt sich am besten bei niederer Erziehungsart mit Zapfenschnitt. Nach den Klosterneuburger Angaben hat der Most in guten Jahrgängen meist 20—22 Proc. Zucker und 8—9 pro Mille Säure. Der Wein ist in Folge dessen sehr alkoholreich, sehr haltbar und entwickelt in guten Jahren sogar ein feines Bouquet. Aus alledem geht hervor, dass der Rothgipfler eine sehr werthvolle Traubensorte ist, deren Eigenschaften sehr an den Kleinriesling erinnern.

Rothgipfler.

Taf. XXV.

# Blau Fränkisch.

Tafel XXVI.

**Literatur und Synonyme:** Dornfeld, pag. 49, als blauer Limberger in Württemberg. Single, pag. 45 mit Abbildung, Taf. XIII, ebenfalls als blauer Limberger. In Niederösterreich bei Vöslau allgemein als Blaufränkisch verbreitet. In Croatien als schwarze Fränkische oder Crna Frankovka und moravka. Gehört nach Trummers Klassification zu Classe I, Ordnung 2. Für Verbreitung dieser Sorte war besonders Herr Robert Schlumberger, Weingrosshändler und Weingutsbesitzer in Vöslau thätig. Da derselbe aber ebensowenig wie die Werke von Single und Dornfeld die Benennung „Limberger" genügend erklären und begründen können, so wurde von der internationalen ampelographischen Commission, bei der zweiten Jahresversammlung in Colmar 1875, die in der Heimath dieser Sorte gebräuchliche Bezeichnung „Blaufränkische" als Hauptname angenommen.

## Beschreibung.

**Rebstock** starkwüchsig, härter, dauerhafter und weniger empfindlich als der blaue Portugieser. **Rebholz** sehr früh ausreifend, rothbraun, regelmässig und fein gestreift, ziemlich stark. **Knoten** wenig hervortretend. **Augen** dick, abgestumpft.

**Blätter** gross, dick, pergamentartig, fast rund, wenig eingeschnitten, oben dunkelgrün, glatt, mattglänzend, ältere Blätter etwas blasig und auf der Unterseite borstig. **Bezahnung** gross, unregelmässig, Endzahn halbkugelförmig. **Buchten** wenig ausgeprägt, oft nur durch eine Zahnlücke angedeutet, Verfärbung in's Rothe. **Nerven** unten stark hervortretend, mit deutlich ausgeprägten grossen hellgrünen Stellen an den Abzweigungen auf der Oberfläche und am Stielpunkt. **Blattstiel** kürzer als der Mittelnerv, grün mit violettem Anflug in nahezu rechtwinkeliger Stellung zum Blatt. **Blätter an den Triebspitzen** hellgrün, glatt glänzend.

**Traube** gross, mehr ästig und locker als beim Portugieser. **Traubenstiel** ziemlich kurz, grün mit bräunlichen Rostflecken und dicken Knoten. **Beerenstielchen** kurz, dick, grün, starkwulstig. **Beere** mittelgross, rund, dunkelblau, schwach beduftet. **Narbe** klein. **Beerenhaut** ziemlich dick und nicht leicht faulend; **reift** etwa 8 Tage später als der blaue Portugieser und hat einen süssen, aber etwas herberen Saft als dieser.

**Vorkommen, Kultur und Verwendung.** Der Blaufränkisch stammt aus Niederösterreich, wo er meistens gemischt mit dem blauen Portugieser in der Gegend von Vöslau, Siebenhirten und Matzen in grösserer Ausdehnung vorkommt und von da nach den anderen Kronländern Oesterreichs, nach Ungarn, Croatien und auch nach Deutschland verbreitet wurde. Insbesondere hat er sich in Württemberg sehr bewährt und ist unter dem Namen Limberger stark verbreitet. Derselbe ist selbst für ungünstigere Lagen wegen seiner frühen Reife, geringen Empfindlichkeit und grossen Tragbarkeit eine sehr schätzbare Rothweintraube, welche besonders bei kurzem Zapfenschnitt entsprechen wird.

Die aus ihm bereiteten Rothweine dürften sich weniger durch grosse Süssigkeit und Lieblichkeit wie die Portugieserweine, als durch eine bei den Rothweinen sehr geschätzte Herbe und Dauerhaftigkeit auszeichnen.

Der Blaufränkische hatte im Jahr 1872 in Niederösterreich bei der Lese 19,2 Prozent Zucker, nur 5,3 pro Mille Säure und lieferte auf einem österreichischen Joch einen mittleren Ertrag von nahezu 40 österreichischen Eimern, was seinen Werth in quantitativer und qualitativer Beziehung am besten bestätigen wird.

Blaufränkisch

Taf. XXVI.

# Rother Zierfahndler.

Tafel XXVII.

**Literatur und Synonyme:** Trummer (Klassific. I, 2), Nachtrag pag. 36, als rother Zierfahndler, Rothreifler, Gumpoldskirchener Spätroth, rother Raifler in Oesterreich. Der von Babo pag. 356 beschriebene rothe Reifler scheint eine andere Sorte oder ein sehr unvollkommenes Exemplar gewesen zu sein, da diese Beschreibung in sehr wesentlichen Eigenschaften von der richtigen Trummer'schen Beschreibung, z. B. in den Triebspitzen, Behaarung der Blätter und Grösse der Trauben, abweicht.

## Beschreibung.

**Rebstock** sehr kräftig und dauerhaft. **Rebholz** dick, dunkelbraun, schwarz punktirt. **Knoten** ziemlich engstehend.

**Blätter** mittelgross, rund, dick, lederartig, fünflappig, kurz eingeschnitten, Lappen verbogen, oben gelblichgrün, fleckig, unten wollig. **Bezahnung** stumpf und breit. Endzahn gross, stumpf. **Buchten** meist geschlossen und wenig ausgebildet. **Rippen** fein, etwas bräunlich. **Blattstiel** kurz, sehr dick, glatt, röthlich, wollig. **Blätter an den Triebspitzen** hellgrün, feinwollig, etwas bronzirt.

**Traube** gross, etwas ästig, sehr dicht, oft mit doppelt und dreifach übereinanderliegenden Beeren. **Traubenstiel** kurz, dick, Knoten selten fruchtbar. **Beerenstielchen** dick, fein warzig, grüngelb, selten röthlich. **Beere** rund, bei der Narbe etwas plattgedrückt, hell kupferroth oder fleischfarbig, nur bei voller Reife dunkel rosenroth, obwohl die meisten Beeren, besonders die sehr dichtstehenden, auch dann auf der Schattenseite ihre grüne Farbe behalten, auffallend stark punktirt. **Narbe** gewöhnlich, ein grosser brauner Rostfleck. **Beerenhaut** dünn. **Saft** säuerlich süss. **Reifzeit** spät.

**Vorkommen, Kultur und Verwendung.** Der rothe Zierfahndler kommt hauptsächlich in der Gegend von Gumpoldskirchen, Mödling, Pfaffstätten, Baden, Brunn und Gainfahren in Niederösterreich vor und ist dort seit etwa 60 Jahren eingeführt. Er hat damals allmählich den dorten früher angebauten Heunisch fast ganz verdrängt und liefert das Hauptmaterial zu den berühmten Gumpoldskirchener Weinen, den besten von Niederösterreich, weshalb seine Verbreitung daselbst und auch in anderen Kronländern immer mehr zunimmt.

Er verlangt einen kräftigen Boden und kurzen Kopf- oder Kahlschnitt, wie er in Niederösterreich allgemein gebräuchlich ist; Kalkboden und eine sehr gute warme Lage sagen ihm am meisten zu. Er ist ungemein tragbar und liefert nicht nur quantitativ, sondern auch qualitativ ein sehr gutes Erträgniss. In Klosterneuburg hat der Most des rothen Zierfahndler in der Regel den höchsten Zuckergehalt von allen Traubensorten, in guten Jahrgängen sogar 25—29 Prozent, während seine Säure eine sehr geringe (durchschnittlich 6—7 pro Mille) zu nennen ist. Seine Weine sind feurig, fast zu alkoholreich, und enthalten gewöhnlich noch einen Theil des nicht verarbeiteten Zuckers, was ihren Geschmack sehr lieblich macht. Aus allen diesen Gründen dürfte diese Sorte auch weiterer Verbreitung würdig sein.

Rother Zierfahndler

Taf. XXVII.

# Triebspitzen der Traubensorten.

## Tafel A.

Der im Prospektus dieses Werkes angedeuteten Absicht gemäss beginnen wir mit der beifolgenden Tafel, die Abbildungen von Triebspitzen der vorher schon beschriebenen und abgebildeten Traubensorten zu geben. Wir wählten für diese Darstellungen besondere Tafeln, damit eine Vergleichung der einzelnen Sorten in ihren Triebspitzen erleichtert würde und weil auf den natürlich gruppirten Bildern der Trauben die Triebspitzen oft eine ganz unnatürliche Stellung hätten einnehmen müssen.

Die Wichtigkeit der Triebspitzen, mögen sie an Ruthen oder Geizen sich befinden, für die sichere Erkennung und Charakteristik der Traubensorten, wurde in ihrer Beständigkeit schon von Babo („der Weinstock," pag. 20) anerkannt, aber noch nicht genügend gewürdigt. Wir haben während den letzten Jahren zahlreiche Versuche in dieser Richtung angestellt, indem die abgeschnittenen Triebspitzen in mit Wasser gefüllten Gläsern sich sehr leicht 8—14 Tage aufbewahren lassen, und sind zu dem Resultat gekommen, dass die Triebspitzen einer Sorte, mögen sie von Ruthen oder Geizen herrühren, aus höheren oder niederen Lagen, von schwerem oder leichtem Boden, alten oder jungen Stöcken, stets die gleichen Eigenschaften behalten, sofern sie sich im treibenden Zustand befinden, während bei geschlossenem Trieb diese Eigenschaften natürlich sich weniger deutlich ausgeprägt gestalten, ohne aber den Charakter der Sorte zu verlieren.

Dieses somit sichere und beständige Erkennungszeichen der Traubensorten ist aber nicht nur für den Ampelographen, sondern auch für den Weinbauer von ganz bedeutendem Nutzen, weil durch dasselbe allein es möglich wird, in der Rebschule und bei jungen Anpflanzungen schon vom ersten Jahre an die falschen Stöcke von den ächten auszuzeichnen und zu entfernen. Der Praktiker hat daher dieses Mittel schon häufig angewendet, ohne dass er sich über den eigentlichen Grund recht klar geworden ist.

Unseres Wissens sind die Triebspitzen der Traubensorten bisher noch in keinem Werk zur bildlichen Darstellung gekommen, so dass wir annehmen können, durch die hier zu gebenden Abbildungen auch in wissenschaftlicher Beziehung die Ampelographie zu vervollständigen. Wir glauben zugleich schon jetzt mit Bestimmtheit annehmen zu können, dass durch gründliche Beobachtung und sorgfältige Darstellung der Triebspitzen es einst möglich werden dürfte, eine natürliche Gruppirung der Traubensorten in Familien zu veranstalten und die Arbeiten über Klassification der Traubensorten zu einem gewissen Abschluss zu bringen, da die Gruppen der Gutedel, der Burgunder, Elbling, Sylvaner, Muskateller, Traminer, Riesling u. a. m. offenbar auch in ihren Triebspitzen eine gewisse natürliche Zusammengehörigkeit bekunden.

Die Reihenfolge der abzubildenden Triebspitzen konnte aus Rücksicht für die Ausführung und Wirkung dieser Abbildungen nicht in der gleichen Weise erfolgen, wie die der Trauben, weshalb in dem zu jeder solchen Tafel gehörigen Text die Triebspitzen nochmals besonders genannt und zur leichteren Vergleichung nochmals ausführlich beschrieben werden sollen.

### Verzeichniss der Triebspitzen auf Tafel A.

1. **Müllerrebe** (Traubenabbildung Taf. IX). Ganz weisswollig mit feinem rothem Rande; Ranken eher kurz als lang, wenig zahlreich; Köpfchen aufrecht; die obersten Blättchen gedrungen bei einander. Aehnelt im Habitus etwas der Triebspitze eines Burgunder, mit welchen sie auch verwandt ist.
2. **Portugieser blauer** (Traubenabbildung Taf. I). Glänzend, gelblich-grün mit einzelnen feinen Haaren; Ranken sehr ausgebildet und gebogen; die obersten Blättchen nahe bei einander stehend; Köpfchen etwas zur Seite geneigt.
3. **Rother Gutedel** und **Krachgutedel** (Traubenabbildung Taf. II und VIII). Kahl, hellgrün, die jüngsten Blätter- und Stengeltheile stark broncirt; Ranken zahlreich, gross und wie bei allen Gutedeln besonders entwickelt; Köpfchen etwas hängend. Sehr charakteristisch ausgeprägt und leicht zu erkennen.
4. **Burgunder blauer** (Traubenabbildung Taf. IV). Ziemlich weisswollig, mit feinem grünem Rand; gedrungen, aufrecht stehend; Ranken zahlreich, ebenfalls gestreckt und aufrecht; äusserste Spitze meist etwas platt gedrückt. Sehr charakteristisch.
5. **Zimmettraube blaue** (Traubenabbildung Taf. XII). Sehr fein und zart mit schwach broncirtem Anflug; glatt, glänzend; dünne und schwache Ranken; oberste Blättchen klein.

IX. Müllerrebe.

I. Blauer Portugieser.

II u. VIII. Rother und weifser Gutedel.

IV. Blauer Burgunder.

XII. Blaue Zimmttraube.

Triebspitzen, A.

# Triebspitzen der Traubensorten.

## Tafel B.

1. **Rother Traminer** (Traubenabbildung Tafel X). Verhältnissmässig klein, gedrungen mit kurzen Internodien, aufrecht mit steifen Köpfchen. Stengel behaart, ziemlich dicke Ranken sehr kurz und wenig zahlreich. Farbe hellgrün, die älteren Blättchen mit weisser Behaarung, die jüngsten Blättchen weisswollig. Beide nur wenig eingeschnitten und dick.

2. **Weisser Riessling** (Traubenabbildung Tafel XIX). Gelblichgrün, mittelgross, Köpfchen oftmals seitwärts gebogen, oft aber auch steif. Ranken kräftig und lang. Die jüngsten Blättchen weisswollig, die älteren fein behaart mit etwas röthlichem Anflug. Stengel glatt.

3. **Weisser Mosler** (Traubenabbildung Tafel XIII). Gelbgrün, kräftig, Köpfchen immer seitwärts und abwärts gebogen. Die jüngsten Blättchen fein weisswollig mit schwacher Röthe an der Bezahnung, ältere Blättchen fein behaart. Ranken ziemlich kräftig; Stengel nicht behaart.

4. **Blauer Kölner** (Traubenabbildung Tafel XVI). Starkwüchsig, aufrecht mit langen kräftigen dreitheiligen Ranken. Die jüngsten Blättchen hellgrün; feinwollig mit schwach rothgefärbter Bezahnung. Stengel, Blattstiele und die unteren Theile der Ranken leicht roth gestreift und behaart. Untere Blättchen mehr dunkelgrün und behaart.

5. **Weisser Wälschriessling** (Traubenabbildung Tafel V). Klein, aufrecht, ziemlich gedrungen, zierlich, gelbgrün und weisswollig. Stengel, Blattstiele und Ranken ziemlich dicht behaart. Letztere lang und stark entwickelt. Blättchen klein.

6. **Blaue Kadarka** (Traubenabbildung Tafel XVIII). Kräftig, hellgrün, Köpfchen aufrecht stehend; obere Blättchen weisswollig, untere ziemlich gross, dick, auf der Rückseite ebenfalls weisswollig, auf der oberen Seite leicht gebräunt. Bezahnung rothbraun gefärbt, Stengel ein wenig behaart, Ranken glatt.

7. **Ruländer** (Traubenabbildung Tafel VI). Gedrungen mit kurzen Internodien, Köpfchen aufrecht, gelblichgrün und weisswollig. Ranken kurz, schwach entwickelt. Stengel ein wenig behaart; desgleichen die älteren Blätter.

X. Rother Traminer.

XIX. Weißer Riessling.

XIII. Weißer Mosler.

XVI. Blauer Kölner.

V. Weißer Wälschriessling.

XVIII. Blaue Kadarka.

VI. Ruländer.

Triebspitzen, B.

# Triebspitzen der Traubensorten.

## Tafel C.

1. **Rother Velteliner** (Traubenabbildung Tafel XXIII). Meist seitwärts gebogen, dunkelgrün, stark weisswollig mit lebhaftem Roth an den Rändern der Blättchen, der Blattstiele, der Ranken und der Stengel. Aeltere Blättchen ebenfalls roth mit etwas Glanz. Stengel und Ranken wenig behaart.
2. **Blauer Trollinger** (Traubenabbildung Tafel VII). Im Verhältniss zum Wachsthum des Stockes schwach, aufrecht, gelblichgrün, an den jüngsten Blättchen weisswollig; die älteren etwas glänzend und flach. Ranken wenig entwickelt; Stengel fein behaart.
3. **Gelber Ortlieber** (Traubenabbildung Tafel XXI). Kräftig, gedrungen, dunkelgrün, stark weisswollig; Köpfchen aufrecht, Ranken kurz. Stengel roth angelaufen, behaart.
4. **Gelber Muskateller** (Traubenabbildung Tafel III). Gelbgrün, kräftig, langgliedrig, aufrecht, mit kleinen, tief eingeschnittenen Blättchen, welche mit leichter Wolle versehen sind. Die älteren Blättchen fein bronzirt und glänzend. Ranken sehr lang und die Stengel kahl.
5. **Weisser Elbling** (Traubenabbildung Tafel XVII). Gedrungen, mit kurzen Internodien. Köpfchen seitwärts gebogen. Die jüngsten Blättchen weisswollig; die älteren glatt, roth geadert und gerändert. Ranken nicht stark entwickelt und wie die Stengel glatt, roth angelaufen und gestreift.
6. **Früher rother Velteliner** (Traubenabbildung Tafel XIV). Gedrungen, aufrecht. Die jüngsten Blättchen feinwollig und rothgerändert; die älteren nur wenig behaart und wie der Stengel lebhaft mit Roth überlaufen und gestreift. Stengel und Ranken kahl.
7. **Blauer Wildbacher** (Traubenabbildung Tafel XX). Schwach und dünn, zart, gelblichgrün, weisswollig mit etwas röthlichem Anflug. Blattstiele, Ranken und Stengel ziemlich stark behaart; die jüngsten Blättchen klein und dünn.

**NB.** Die Triebspitze des weissen Burgunders wurde nicht dargestellt, weil sie der des blauen Burgunders vollständig gleicht; die auf Tafel **A, B** und **C** nicht vorhandenen Triebspitzen finden sich bei der betreffenden Traubensorte abgebildet.

Triebspitzen, C.

# Abonnenten-Verzeichniß

von

# GOETHE'S TRAUBEN-ATLAS.

Se. Majestät der Kaiser von Deutschland.

Se. Königl. Hoheit der Grossherzog von Baden.

Das k. k. österreichische Ackerbau-Ministerium zu Wien mit 50 Exemplaren.

Herr **Carl, Baron von Apor,** k. k. Kämmerer in Maros-Vasarhely (Siebenbürgen).

„ **A. Arnold,** Lehrer an der höheren Lehranstalt zu Bitburg bei Trier (Rheinprovinz).

„ **E. R. Arnold,** Baumschulbesitzer in Nieder-Sedlitz bei Dresden.

„ **Ferdinand Auchmann,** Champagnerfabrikant in Marburg (Steiermark).

„ Hofrath Dr. **von Balling** in Kissingen (Bayern).

Herren **F. U. Bally Söhne** in Säckingen am Rhein (Baden).

Herr **Mojcija Baltic,** k. Statthaltereirath in Pension, in Agram (Ungarn).

„ Dr. **Blankenhorn,** Weingutsbesitzer in Ihringen am Kaiserstuhl (Baden).

„ **Freiherr von Bodmann** auf Bodman bei Ueberlingen am Bodensee (Baden).

„ **Franz Bojedain,** Oeconomie-Verwalter auf Puszta St. Peter bei Zala Lövö (Ungarn).

„ **Baron Otto von Bolschwing** auf Schloss Ruth bei Steinbrück (Steiermark).

„ **Philipp Graf Bossi-Fredrigotti,** Präsident der Landwirthschafts-Gesellschaft in Roveredo (Tirol).

„ **C. Bronner,** Rebschulen-Besitzer in Wiesloch (Baden).

„ **F. P. Buhl,** Weinhandlung in Deidesheim (Pfalz).

Die **K. Centralstelle für die Landwirthschaft** in Stuttgart.

Das **K. Pomologische Institut** in Proskau (Gartendirector Stoll).

„ **Comizio agrario** in Zara (Dalmatien).

„ **Consorzio agrario** in Trient (Tirol).

Herr **Graf Coronini** in St. Peter bei Görz (Illyrien).

„ **Freiherr Daël von Koeth,** Präsident des landw. Vereines für Rheinhessen, in Sorgenloch bei Mainz.

„ **Ivan Danilo,** Landtagsabgeordneter in Zara (Dalmatien).

„ **W. M. Degenhard,** Stadtgärtner in Dresden.

„ **Gottfried Baron Degrazia,** k. k. Major in Görz.

Se. Durchlaucht **Herzog Adinolf della Grazia,** Gutsbesitzer in Brunnsee bei Spielfeld (Steiermark).

Das **Eidgenössische Departement des Innern** in Bern.

Herr **Alexius von Deurbanyi,** Rechtsanwalt in Csakathurn (Ungarn).

„ Dr. **Dominikus,** Advokat in Marburg (Steiermark).

„ **J. Duntze,** Partikulier in Freiburg i. Br. (Baden).

„ **Sebastian Englerth,** Director der Weinbauschule in Randersacker bei Würzburg (Franken).

„ Dr. **Franz Entz,** Director der Landes-Rebschule in Ofen.

„ **Sixtus Ritter von Fichtenau,** Advokat in Pettau (Steiermark).

„ **Louis Fitz,** Weinhandlung in Dürkheim a. d. Haardt (Pfalz).

„ **Gustav Flinsch,** in Freiburg i. Br. (Baden).

Die **Gartenbaugesellschaft Flora** in Cöln a. Rh. (Gartendirector Nicpraschk).

„ **Fürstliche Gartendirection** zu Sigmaringen.

„ **k. Gärtnerlehranstalt** in Potsdam.

Der **Gartenbau-Verein** Darmstadt.

Die **Gemeinde Beblenheim** im Ober-Elsass (Bürgermeister Oberlin).

Herr **Baron Gutmannsthal-Benvenutti** auf Schloss Weixelsstein bei Steinbrück (Steiermark).

Die **Gutsverwaltung Friedau** (Steiermark), Verwalter E. Karl.

„ **Gräfl. Meran'sche Gutsverwaltung** (Verwalter J. Löschnig) in Marburg (Steiermark).

„ **Gutsverwaltung Spielfeld** (Hauptmann Hamornick) Steiermark.

Herr **David Hartmann,** Gemeinderath in Marburg (Steiermark).

„ **Jos. Hepting,** Weinhandlung in Freiburg i. Br. (Baden).

„ **Professor Hilger** in Erlangen.

Die **grossherzogl. Hofgärtnerei** Ettlingen (Baden).

Die **grossherzogl. Hofgärtnerei** Schwetzingen (Baden).

Herr **Iso Isajlovics,** Advokat in Esseg (Slavonien).

„ **Martin Kaiser,** Realitätenbesitzer in Pettau (Steiermark).

„ **Heinrich Kalmann,** Wanderlehrer an der Landesobst- und Weinbauschule in Marburg (Steiermark).

„ Dr. **Ferdinand Kaufmann,** Advokat in Znaim (Mähren).

„ **Josef Ketz,** Rebmann und Kellermeister an der Weinbauschule in Marburg (Steiermark).

„ **Constantin Baron Knezevich,** Gutsbesitzer in Stridau (Ungarn).

Herr Dr. **Franz Krause**, praktischer Arzt in Pettau (Steiermark).
„ **Oswald Lakitsch**, in Pettau (Steiermark).
Die **k. landwirthschaftl. Akademie** Hohenheim bei Stuttgart.
„ **landwirthschaftl. Filiale** in Friedau (Steiermark).
„ **landwirthschaftl. Schule** in Hegne bei Constanz (Baden).
„ **landwirthschaftl. Schule** in Rufach (Ober-Elsass).
„ **Fürstl. Serbische Landwirthschafts-Gesellschaft** in Belgrad.
„ **k. k. Landwirthschafts-Gesellschaft** in Görz (Illyrien).
„ **Kroatisch-Slavonische Landwirthschafts-Gesellschaft** in Agram.
„ **k. Ungarische oenologische Lehranstalt** in Tarczal bei Tokey (Ungarn).
Herr **Johann Lerch**, Realitätenbesitzer in Pettau (Steiermark).
„ Dr. **Angelo Levi** aus Görz (Illyrien).
„ **Johann Lichtenegger**, Verwalter auf Schloss Kornberg bei Feldbach (Steiermark).
„ **E. Mach**, Director der landwirthschaftl. Landes-Anstalt in St. Michele (Tirol).
„ Dr. **Ignatz Malnay** in Tahi-Totfalu bei Pest.
„ **L. A. Neubert**, Rebschule in Zitschewig bei Kötschenbroda (Sachsen).
„ **von Neumann**, Regierungs-Assessor in Colmar (Ober-Elsass).
Die **kaiserl. Obstbauschule** in Brumath bei Strassburg (Elsass).
„ **grossherzogl. Obstbauschule** Carlsruhe (Baden).
„ **Steirische Landes-Obst- und Weinbauschule** in Marburg.
Herr **Anton Ogullin**, Realitätenbesitzer in Rudolfswerth (Krain).
Herren **J. Palugyay's Söhne**, Weinhandlung in Pressburg (Ungarn).
Herr **Dominik Pascotini**, k. k. Major und Obmann des Weinbauvereins in Pettau (Steiermark).
„ **Franz Perko**, Direktor und Realitätenbesitzer in Marburg (Steiermark).
„ **Antonio de Pizzini** in Ala (Südtirol).
Die **k. polytechnische Schule** in Stuttgart.
Das **k. pomologische Institut** in Geisenheim a. R. (Rheinprovinz).
Herr **Eduard Rauscher**, Weingartenbesitzer in Marburg (Steiermark).
„ Dr **Matthias Reiser**, Bürgermeister in Marburg (Steiermark).
„ **Ludwig Rupprecht**, Gutsbesitzer in Sajtos-Kal (Ungarn, Oedenburger Comitat).
Herren **W. Schellhorn-Wallbillichs Erben**, Weinhandlung in Forst bei Deidesheim (Pfalz).
Herr **August Schenkel**, Gutsbesitzer in Luckaufzen bei Luttenberg (Steiermark).
„ **Johann Schmiederer** Secretär des Weinbau-Vereins in Marburg (Steiermark).
„ **Schöne**, Particulier und Gemeinderath in Cannstatt bei Stuttgart.
„ **Jos. Schorsch**, fürstl. Obergärtner in Dobrovic bei Jungbunzlau in Böhmen.
Herren **Simon-Louis-Frères**, Baumschulenbesitzer in Plantières bei Metz (Lothringen).
Die **Societa agraria** in Trient (Tirol).
Das **Stadtschultheissenamt** Reutlingen (Württemberg).
Herr **Fr. Ströbel** in Heilbronn (Württemberg).
„ **Eugen Tornow** in Berlin.
„ **Gustav Vierordt**, Particulier in Bingen a. Rh. (Rheinprovinz).
„ Professor Dr. **Weber** in Tübingen (Württemberg).
Die **k. Weinbauschule** Weinsberg. (Württemberg).
„ **Weinbausection** Reutlingen (Württemberg), Vorstand Gemeinderath Weckler.
Der **Weinbauverein** Marburg (Obmann Dr. Mullé).
„ **Weinbauverein** in Pettau (Steiermark).
Die **Weinverbesserungs-Gesellschaft für Württemberg** in Stuttgart (Vorstand Prof. Dr. Fraas).
Herr **Alois Werk**, Güterdirector in Brunnsee bei Spielfeld (Steiermark).
„ **Franz Wibner**, Realitätenbesitzer in Pettau (Steiermark).
„ **Alphons Ritter von Widman-Staffelfeld** in Margreid, Post Neumark (Tirol).
„ Dr. **Wilhelmy**, Weinhandlung in Wiesbaden.
„ Director **H. von Zabel**, Weinbauschule von Jalta in der Krim (Südrussland).
„ **Baron Zorn von Bulach** auf Schloss Osthausen bei Matzenheim (Unter-Elsass).

# Abonnenten-Verzeichniss

der

## K. K. Hofbuchhandlung von Faesy & Frick

in

## WIEN.

Herr **Adolf Ackermann**, Buchhandl. in München.

Die **André**'sche Sortiments-Buchhandl. in Prag.

„ **landwirthschaftl. Anstalt** zum Strickhof (durch Fr. Schulthess Buchhandl. in Zürich).

Herr **Anton Arvedi** in Verona.

Herren **Asher & Co.**, Buchhandl. in Berlin.

Herr **Gabriel von Barcza**, kgl. Bezirksrichter in Devecser (Ungarn).

Der **landwirthschaftl. Bezirksverein** in Klausenburg (Siebenbürgen).

Herr **Heinrich Calberla** in Dresden (durch H. Burdacks Hofbuchhandl.)

Die **J. G. Calve**'sche Hof- & Universitätsbuchhandl. in Prag.

„ **grossherzogl. Centralstelle für Landwirthschaft** in Darmstadt (durch A. Klingelhöffers Hofbuchhandl.

Herr **G. B. Cerletti** in Gattinara (Piemont).

„ Gutsbesitzer **Concilia** (durch Fr. Suppan's Buchhandl. in Agram).

„ **F. Czvekovits** in Fünfkirchen (Ungarn).

„ **Th. Drexel**, Buchhandl. in Cilli (Steiermark).

„ **Johann Trozdik** in Csornok (Ungarn).

„ Grossrath **Engel**, Hauptmann in Twann (durch M. Fiala's Buchhandl. in Bern).

„ **Franz Fachleitner** in Rohitsch (Steiermark).

Herren **Tournier & Haberler**, Buchhandl. in Znaim (Mähren).

Herr **Anton Fromm** in Budapest.

„ **Fr. E. Fürst** in Pettau (Steiermark).

„ **Nicolay Fürst Gagarine** in Baden-Baden (durch W. Hanemanns Buchhandl. in Rastatt).

„ **Garbe** in Sotschi (durch J. Deubners Buchhandl. in Moskau).

Der **Gartenbauverein** in Graz (durch A. Hesse's Buchhandl.).

„ **Fränkische Gartenbauverein** in Würzburg (durch Stahel'sche Buchhandl.).

Herr **E. Gettinger**, Gutsadministrator Jahringhof (Steiermark).

„ Herr **Giersieg** (durch F. Meyer's Buchhandl. in Wien).

„ **Giacomo Giongo** in Pergine (Südtirol).

„ **Math. Giruth**, Pfarrer in Königshof.

„ **Constantin von Gyiokó** in Schloss Magyarbél (Ungarn).

„ **Franz Heerdt** in Mainz (durch G. Frommann's Buchhandl.).

„ **Heinrich**, erster Obergärtner am K. pomologischen Institut in Proskau (Schlesien).

Herren **C. Helf**'s Sortiments-Buchhandl. in Wien.

Die **Hurter**'sche Buchhandl. in Schaffhausen.

Herr **Heinrich Kappeler** jr. in Wien.

„ **V. Karl**, Notar in Cservenka (Ungarn).

„ **J. R. Kaeser**, Weinhändler in Bern durch M. Fiala's Buchhandl.).

„ Dr. **Adolf Keim**, Advokat in Mediasch (Ungarn).

„ **Adolf Keller** in Bockenheim (durch A. Voemel's Buchhandl. in Frankfurt a. M.)

„ **Kerntler** in Ofen.

„ **P. Prior Koch** (durch Frz. Suppau's Buchhandl. in Agram).

Herren **Brüder Kofler**, k. k. Hofweinlieferanten in Pettau (Steiermark).

Herr Professor **Kohler** in Küssnacht (durch Orell, Füssli & Co. in Zürich).

„ **Anton Kushevisch**, Apotheker in Bad Darswár (Ungarn).

Herr **K. Lehmann** in Potsdam (durch B. Behr's Buchhandl. in Berlin).
Die **landwirthschaftl. Lehranstalt** in Pozarevatz (Ungarn).
„ **landwirthschaftl. Lehranstalt** in Debreczin (Ungarn).
„ **landwirthschaftl. Lehranstalt** in Croat. Kreutz (Croatien).
Herren **Leuschner & Lubensky**, k. k. Universitäts-Buchhandl. in Graz.
Herr Dr. **Alberto Levi** in Farra.
Herrn **Fr. Leyrer**'s Buchhandl. in Marburg a. D.
Herr **J. Liebl** in Retz (Niederösterreich).
Die **fürstl. Lobkowitz'sche Weinkeller-Verwaltung** in Unter-Berkovic (Böhmen).
Das **Ministerium für landwirthschaftliche Angelegenheiten** in Berlin (durch Besser'sche Buchhandl.).
„ **Ministerium der Reichsdomänen.** — Bibliothek. — St. Petersburg (durch Egger & Co. Buchhandl.).
„ **Ministerinm der Reichsdomänen.** — Landwirthschaftliches Museum. — St. Petersburg (durch C. Rieger's Buchhandlung).
Herr **Nicolaus Baron Mustatza** in Sadagora.
„ **H. C. T. Oppermann** in Czabay.
Herren **Orell, Füssli & Co.**, Buchhandl. in Zürich.
Herr **Maurus Peringer**, Güteradministrator in Marburg a. Dr.
„ Liqueurfabrikant **Pokorny** (durch A. Suppan's Buchhandl. in Agram.
„ **W. Radulovics** in U.-Weisskirchen (durch Th. Herpke's Buchhandl.).
„ **Ritzmann**, Oeconom in Schaffhausen (durch C. Baader's Buchhandl.).
„ **A. C. Rosenthal**, k. k. Hofgärtner in Wien.
„ **H. P. Rumpel** in Traben a. d. Mosel (durch Baedeker'sche Buchhandl. in Elberfeld).
„ **Wenzel Ruzika** in Zolencina.
„ **F. Rziwnatz**, Buchhandl. in Prag.
„ **H. Schäffer**, Consul in Elnhausen (durch G. M. Alberti, Buchandl. in Hanau).
„ **Robert Schlumberger**, Weingrosshändler in Vöslau (Niederösterreich).
„ **Josef Seisser** in Horic.
„ **G. Selt** in Köln (durch Dumont-Schauberg'sche Buchhandl.)
Die **Seyring**'sche Buchhandl. (Jul. Thiering) in Oedenburg.
Herr **O. Smith** in Stockholm (durch Fritze's Hofbuchhandl.).
„ **Joh. Freiherr von Sothen** in Wien.
„ **Thomas von Szontágh** in Véghlis.
„ **Josef Szy**, Advokat in Gr. Wardein (Ungarn).
„ **Franz Tschurtschenthaler** in Bozen, durch Frz. Moser's Buchhandl. (Südtirol).
„ **J. Unger**, Gutsbesitzer in Terlan, durch Frz. Moser's Buchhandl. in Bozen (Südtirol).
„ **C. Valentin**, Buchhandl. in Fünfkirchen (Ungarn).
Der **landwirthschaftl. Verein** des Kreises Ahrweiler (durch Habichts Buchhandl. in Bonn.)
Die **K. K. oenologische und pomologische Versuchsstation** in Klosterneuburg bei Wien.
„ **Diószegher Weinbauschule** in Diószegh (Ungarn).
„ **Administration der „Weinlaube“** in Klosterneuburg bei Wien.
Herrn **C. F. Wigand**'s Buchhandl. in Pressburg.
Herr **Isidor Busch** in St. Louis (Vereinigte Staaten), durch Fr. Roesleins Buchhandl.
„ **J. H. Scholer** in St. Louis (Vereinigte Staaten), durch Fr. Roesleins Buchhandl.

# Zu diesem Werk

Wenn der Weinfreund heute seinen Riesling, Silvaner oder Blauen Spätburgunder aus dem Keller holt und sich an den sortentypischen Eigenschaften erfreut, die zu riechen, zu schmecken und zu sehen zu den Hauptvergnügungen beim Weingenuß gehört, so mag es scheinen, als sei das schon immer so gewesen. In Wirklichkeit war dies keineswegs so. Nicht zufällig verweisen die Brüder Goethe im Vorwort des vorliegenden Werkes darauf, daß die Ampelographie, „die Lehre von der Kenntnis der einzelnen Rebsorten", unerläßlich sei, um die „Wein-Kultur eines Landes erfolgreich zu heben." Der Weinbauer müsse sich „eine genaue und sorgfältige Auswahl geeigneter Traubensorten bei der Anlage seiner Weingärten zur ersten Pflicht machen." Dies bedeutet nichts anderes als die Forderung nach einem sortenreinen Anbau. Damals – vor 125 Jahren – stand ein Großteil der Weinberge noch im sogenannten Mischsatz, das heißt, auf einem Weinberg wurden verschiedene Rebsorten nicht getrennt voneinander, sondern „durcheinander" angebaut, und der Wein wurde so auch im Keller ausgebaut.

Mit ihrem „Atlas" haben die Autoren Entscheidendes geleistet, um die spezifischen botanischen und vinologischen Eigenschaften – Vorzüge wie Mängel – der einzelnen Sorten und deren Einfluß auf die Qualität des Weines bewußt zu machen. Trotz mancher schon vorher unternommener Versuche, Rebsorten in Wort und Bild zu beschreiben, ist das Werk der Goethes ein Novum in der Geschichte der Weinbauliteratur. In der Präzision und Wissenschaftlichkeit der Beschreibung, der Zusammenfassung des gesamten Wissensstandes und vor allem in der überragenden Qualität der Abbildungen läßt es alle früheren Werke weit hinter sich. Daß es noch heute in der Ausbildung von Weinbaufachleuten mit Gewinn genutzt wird, zeigt, wie weit es seiner Zeit voraus war, und ist ein zusätzlicher Grund, es neu herauszubringen.

**Rudolph und Hermann Goethe**

Wer waren die beiden Männer, die dieses großartige Werk schon in relativ jungen Jahren schufen? Lassen wir die Nachrufe sprechen, die im Jahre 1911 in der „Allgemeinen Wein-Zeitung" (Wien) auf die kurz nacheinander Verstorbenen verfaßt wurden und die noch ganz unmittelbar aus der Zeit heraus deren Leistungen und Verdienste würdigen.

Der Ausgabe vom 16.2.1911, S. 67 f., entnehmen wir die folgende Würdigung *Rudolph Goethes*:

„Am 16. Jänner verschied der kgl. Oekonomierat Rudolph Goethe zu Darmstadt im 69. Lebensjahre. Rudolph Goethe, ein Bruder des bekannten Ampelographen Regierungsrats Hermann Goethe, des Präsidenten des österreichischen Reichsweinbauvereins, hat sich um Lehre und Forschung im Obst- und Weinbau große Verdienste erworben. Wein- und Obstbau haben ihm viele Anregungen und Fortschritte zu verdanken. Rudolph Goethe wurde am 13. April 1843 in Naumburg a. d. Saale geboren und genoß seine Schulbildung in der Franckeschen Stiftung zu Halle a. d. S. und auf dem Gymnasium zu Weimar. Er besuchte hierauf die gärtnerischen Lehranstalten in Reutlingen und Görlitz und war dann einige Zeit praktisch als Gärtner tätig. 1868 machte er sich durch Kauf der Fürerschen Beerenobstschule, die er bald erweiterte und nach Cannstatt verlegte, selbständig. Den Krieg 1870/71 machte er im 7. württembergischen Regiment mit, nahm an der Belagerung von Paris teil und wurde dabei zum Offizier befördert. 1874 gründete er im Auftrage des kaiserlichen Oberpräsidiums für Elsaß-Lothringen die Obst- und Gartenbauschule zu Grafenburg bei Brumath. Von hier aus trat er mit dem bekannten Straßburger Botaniker de Bary in Verbindung, arbeitete bei ihm in seiner freien Zeit und bekam hier die Anregungen zu seinen verdienstvollen Arbeiten über die Feinde und Krankheiten der Kulturpflanzen.

Seine Haupttätigkeit begann, als er 1879 zum Direktor der kgl. Lehranstalt für Wein-, Obst- und Gartenbau in Geisenheim ernannt wurde, in welcher Eigenschaft er gleichzeitig auch als Lehrer 24 Jahre lang wirkte. Er hat die Geisenheimer Anstalt zu einer erstklassigen Anstalt ausgestaltet, die sich auch weit über Deutschlands Grenzen hinaus eines ausgezeichneten Rufes erfreut. Im Jahre 1885 wurde er durch Verleihung des Titels ‚kgl. Oekonomierat' ausgezeichnet ..."

Die Mainzer Wochenschrift „Weinbau und Weinhandel“, Nr. 3/1911, S. 24, hebt zusätzlich hervor, daß „der gesamte deutsche Wein-, Obst- und Gartenbau ... in Rudolph Goethe einen der ersten Förderer verloren (hat). Er war noch einer der wenigen, die diese drei großen Gebiete ganz beherrschen, ja, er hat sogar in seiner Geisenheimer Zeit in allen dreien unterrichtet ... Seine Arbeiten überleben ihn nicht nur, sondern sie werden uns erst in Zukunft zeigen, wie mannigfach und zielbewußt sie waren.“

In der Ausgabe der „Allgemeinen Wein-Zeitung“ vom 18. Mai 1911 ist auf der Titelseite der Nachruf auf *Hermann Goethe* zu lesen:
„In Naumburg a. d. Saale am 16. März 1837 geboren, erlernte Hermann Theodor Goethe Gartenbau und Landwirtschaft in Erfurt und besuchte dann die Landwirtschaftliche Akademie Hohenheim. Hier übernahm er 1860 die Obergärtnerstelle an dem neu begründeten pomologischen Institut zu Reutlingen. Nach größeren Reisen durch Elsaß, Frankreich und Belgien gründete Goethe 1862 in Obergolitz bei Dresden eine landwirtschaftliche Gartenbauschule, die er bis 1864 führte. In diesem Jahre trat ein Wendepunkt in Goethes Leben ein: Er verließ die mehr praktische Laufbahn, um von nun an seinem eigentlichen Berufe als Lehrer und Praktiker zugleich obliegen zu können. Er begann seine Lehrtätigkeit 1865 als Lehrer für Gartenbau an der landwirtschaftlichen Gartenbauschule in Karlsruhe und verließ diese Stellung 1869, um die Leitung der berühmten pomologischen Gärten des Generalkonsuls Lade in Geisenheim am Rhein zu übernehmen. Im Jahre 1871 wurde Goethe von der k. k. Landwirtschaftsgesellschaft in Wien als Wanderlehrer für Obst- und Weinbau berufen, vertauschte im Jänner 1872 diese Stellung mit jener des Direktors der neu begründeten steiermärkischen Landes-Obst- und Weinbauschule in Marburg a. d. Drau, die er zu einer Musteranstalt zu gestalten wußte. Er habilitierte sich als Privatdozent an der Hochschule für Bodenkultur in Wien, an welcher er durch mehrere Jahre tätig war.
Zu dieser Zeit öffnete sich ihm ein Wirkungskreis, in welchem er nachhaltig und richtunggebend auf die Gestaltung der österreichischen Weinbauverhältnisse im Kampfe gegen die wie eine Katastrophe hereingebrochene Reblausgefahr Einfluß zu nehmen Gelegenheit hatte. Als Geschäftsleiter des ‚Vereins zum Schutze des österreichischen Weinbaues‘, heute ‚Österreichischer Reichs-Weinbauverein‘, organisierte er diesen Kampf in umfassender und zielbewußter Weise. Es war damals eine kritische Zeit für den österreichischen Weinbau gekommen; die Reblaus brach sich verheerend Bahn in allen Weingeländen und brachte Verderben, wo sie auftrat. Lawinenartig wuchs ihr Verbreitungsgebiet, und in der Verlegenheit hinsichtlich der anzuwendenden Bekämpfungsmaßnahmen, in dem Für und Wider betreffs derselben, war es Goethe, zunächst als Geschäftsleiter des erfreulicherweise rasch erstarkenden Vereins, der mit Scharfblick, unbeirrt durch Gegenmeinungen und Hindernisse, an seiner Überzeugung von der allein möglichen Rettung des österreichischen Weinbaues durch die amerikanischen Reben festhielt. Seiner Initiative verdankt die vom Verein begründete biologische Rebenversuchsstation in Baden ihr Entstehen, an welcher Goethe als unermüdlicher Forscher die verschiedensten amerikanischen Reben in ihrem biologischen Verhalten als Abwehr der Phylloxera studierte. Goethe verstand es, das anfängliche Mißtrauen der Weinbaubevölkerung gegenüber einer Neuheit, wie es die amerikanischen Reben waren, zu besiegen und dem Weinbau neue Wege dadurch zu ebnen, daß er nach großen Mühen Staat und Land zur finanziellen Unterstützung der gemeinnützigen Vereinsziele zu gewinnen wußte. Goethe wurde zur Ehrung seiner Verdienste zum Vizepräsidenten und später zum Präsidenten des Vereins gewählt, welche Funktion er bis zu seinem Tode bekleidete und als welcher er noch im Vorjahre bei der Generalversammlung des Vereins den Vorsitz führte. An den Aktionen des Vereins nahm er bis zu seinem Ableben am 12.5.1911 in Baden bei Wien regsten Anteil und war auch bis kurz vor seinem Tod ein eifriger, hochgeschätzter Mitarbeiter d. Bl. und Mitglied des Redaktionsbeirats desselben. Für seine Verdienste wurde er mit dem Franz-Josefs-Orden und später mit dem Titel eines Regierungsrats ausgezeichnet.“

Die Brüder Goethe waren einander in ihrer Veranlagung, ihren Interessen und ihrem Tatendrang sehr ähnlich. Nicht zufällig also gleichen sich ihre Biographien in wichtigen Wegmarken auf frappierende Weise. Sie bildeten ein ideales Zweigespann für die Herausgabe eines solchen Werkes wie des „Atlas“. Ihre Vielseitigkeit, ja Universalität als Lehrer, Wissenschaftler, Praktiker und Organisatoren verdient größte Hochachtung. Zu all den in den Nachrufen gewürdigten Leistungen kamen noch Standardwerke aus der Feder beider

Brüder, so das „Handbuch der Ampelographie" (H. Goethe 1878, 1887) und das „Handbuch der Tafeltraubenkultur" (R. Goethe 1894).

Leider sind die Zeichner der grandiosen Tafeln des „Atlas" – wie damals nicht selten – namenlos geblieben. Zwar verweist das Vorwort darauf, daß die k. k. Landwirtschafts-Gesellschaft für Steiermark sie „von tüchtigen Malern in Graz während eines Zeitraums von zwanzig Jahren anfertigen ließ", aber diese hätten es wahrlich verdient, ob ihrer bewundernswerten Leistung einzeln genannt zu werden. Wenn man nur betrachtet, mit welcher Akribie sie die Nervaturen der Blätter wiedergeben – keine Fotografie wäre in der Lage, die feinen Unterschiede in den Blattstrukturen so zu verdeutlichen –, bekommt man einen Eindruck davon, wie unendlich sorgfältig und aufwendig sie ihre gesamte Arbeit ausgeführt haben.

**Das 19. Jahrhundert: Aufbruch im Weinbau**

In der rund 3.000 Jahre währenden Weinbaugeschichte bildet der Zeitraum von 1800 bis 1900 den wohl interessantesten Abschnitt, was die Entwicklung dieser Sparte der Agrikultur betrifft. Das 19. Jahrhundert, in dessen zweiter Hälfte die Hauptschaffenszeit der Brüder Goethe lag, gilt als die Aufstiegsepoche des modernen Qualitätsweinbaus.

In Deutschland änderten sich die Gegebenheiten für den Weinbau grundlegend. Konstituierend hierfür waren vor allem die günstigeren politisch-wirtschaftlichen Rahmenbedingungen, eine ganze Reihe organisatorischer Maßnahmen von weitreichendem Einfluß auf die Qualität des Weinbaus (Gründung von Winzervereinigungen bzw. -genossenschaften, Schaffung von speziellen Bildungs- und Forschungseinrichtungen und von Staatsdomänen als Mustergütern), bedeutende wissenschaftliche Fortschritte von großer Auswirkung auf die Arbeit im Weinberg und im Keller.

Im Gefolge der Französischen Revolution und der Napoleonischen Kriege kam es in den deutschsprachigen Territorien zu tiefgreifenden politisch-geographischen Veränderungen, die insgesamt – trotz der folgenden Restaurationsphase – die wirtschaftlichen Bedingungen für den Weinbau grundlegend verbesserten.

Auf dem Kongreß von Rastatt 1797, dessen Beschlüsse im Friedensvertrag von Lunéville 1801 bestätigt wurden, mußte das gesamte linksrheinische Gebiet an Frankreich abgetreten werden. Mit einem Schlage war damit das Gewirr der vielen Duodezfürstentümer beseitigt. Bedenkt man, daß es z. B. 1792 in der Pfalz noch 44 Kleinherrschaften gab, so wird der wirtschaftliche Fortschritt augenscheinlich.

Veränderungen in den Eigentumsverhältnissen führten zur Herausbildung einer neuen Schicht bäuerlicher und bürgerlicher, aber auch adliger Weingutsbesitzer, die die Entwicklung in den folgenden Jahrzehnten mitprägten. Immerhin war an der Mosel ein Fünftel der Rebfläche, meist aus Kirchenbesitz, in andere Hände übergegangen, und mit der Auflösung aller geistlichen Fürstentümer 1803 fielen nochmals 25 % der Rebfläche an neue Eigentümer. Wenn auch nach dem Sturz Napoleons ein Teil der Besitzungen an die Kirche zurückging – die Verhältnisse hatten sich dauerhaft gewandelt. Der berühmteste Wechsel eines Besitzes war zweifellos der des Johannisbergs im Rheingau, der nach 1803 durch mehrere Hände ging – vom Prinzen von Oranien über Napoleons Marschall Kellermann zu Kaiser Franz I. von Österreich, der ihn schließlich seinem Staatskanzler Fürst Metternich schenkte, unter dessen Namen der großartige Weinberg bis heute bewirtschaftet wird.

Die Abschaffung des Zehnten, der Naturalabgabe, die auch bei Trauben bzw. Wein an die Herrschaft entrichtet werden mußte, hatte – auf den ersten Blick kaum sichtbar – enorme Auswirkungen auf Fortschritte im Weinbau. Der bis dahin engbegrenzte Lesezeitraum, der in erster Linie an dem Zwang zu rigoroser Kontrolle orientiert war, erweiterte sich wesentlich, so daß nun der Reifegrad der Trauben zum viel wichtigeren Kriterium für den Lesebeginn wurde, was die Qualität des Weines enorm förderte. Die berühmten Jahrgänge 1811 (Goethes „Eilfer") und 1822 wären anders nicht denkbar gewesen. Auch die Orientierung auf lagenspezifische und – im Ansatz – sortenreine Weine erhielt wichtige Impulse, weil nicht mehr, wie bis dahin üblich, unterschiedliche Qualitäten in Riesenfässern verschnitten wurden, um „mit gleicher Münze", also gleichwertigem Wein, zahlen zu können. Weingüter begannen ihre Weine nunmehr unter der Herkunftsbezeichnung, nicht mehr unter dem der Herrschaft oder des Handelsplatzes, zu verkaufen.

Über den rechten Zeitpunkt der Lese machte man sich auch literarisch Gedanken. So läßt

Karl Simrock seinen „Weinenden Trinker" anno eilf im Novembersonnenschein seufzen: „Wie würd' erst dieser Wein so gut, / wenn er noch hing' in solcher Glut! / Daß wir zu früh gelesen han, / darüber wein' ich alter Mann!"

Von grundsätzlicher Bedeutung war die völlige Neuordnung der Wettbewerbsbedingungen für den Wein. Auf dem Wiener Kongreß war die politische Landkarte Deutschlandes neu gezeichnet worden. Das betraf in hohem Maße auch die Hauptweinbaugebiete. Die Mosel wurde preußische Provinz, Rheinhessen kam an das Großherzogtum Hessen-Darmstadt, der Rheingau an das Herzogtum Nassau, die Pfalz ging wieder an Bayern. Sachsen und Württemberg waren seit 1805/06 Königreiche, Baden wurde Großherzogtum. Eine Regulierung der Zollabgaben zwischen den Staaten wurde zwingend notwendig.

Als Bayern und Württemberg sich 1834 mit Preußen zum Deutschen Zollverein zusammenschlossen – ein Jahr später traten auch Baden und Hessen-Darmstadt bei –, standen mit einem Male alle größeren Weinbaugebiete unter gleichen Bedingungen in unmittelbarem Wettbewerb. Das ermöglichte es zum einen, auf dem Inlandsmarkt besser gegen die große Konkurrenz der französischen Weine zu bestehen; vor allem aber setzten sich Weine höherer Güte gegen solche minderer Qualität – deren Absatzmärkte zusammenbrachen – durch, begünstigt auch durch das dichter werdende Netz der Eisenbahn, das eine rasche Verbreitung der Weine aus den für den Weinbau geeignetsten Regionen ermöglichte. So ging zwar zwischen 1850 und 1900 die Rebfläche um 60 % zurück (natürlich auch bedingt durch das Wüten von Rebenfeinden), aber letztlich zum Nutzen der Qualität.

Außer der Veränderung der politisch-wirtschaftlichen Rahmenbedingungen gab es eine ganze Reihe organisatorischer Maßnahmen, die fundamentale Bedeutung für die Zukunft des Weinbaus hatten.

In vielen Gegenden Deutschlands wurden Winzervereinigungen, -assoziationen und -gesellschaften, später Winzergenossenschaften gegründet. Sie dienten der Vertretung der Interessen der Winzer und der Vermittlung von Erfahrungen, vor allem aber der Stärkung der wirtschaftlichen Positionen der kleinen Winzer. Nur durch die Vereinigung konnte dem Preisdiktat der Trauben- und Weinabnehmer begegnet werden, konnten in Gemeinschaftskellern technische Entwicklungen ausgeschöpft werden, die sich positiv auf die Weinqualität auswirkten, wurde die breite Umstellung von Faß- auf Flaschenweinvermarktung möglich. Die ersten Zusammenschlüsse gab es interessanterweise nicht in den Hauptweinbaugebieten, sondern in Sachsen (1799, 1801) und Thüringen (1829), Regionen, in denen – schon wegen des unsicheren Klimas – die Probleme am größten waren. Die erste Genossenschaft mit allen wichtigen Aufgaben entstand 1834 in Neckarsulm, 1868 wurde in Mayschoß (Ahr) die erste Winzergenossenschaft im Sinne des preußischen Genossenschaftsgesetzes gegründet. Die Idee dieses Genossenschaftswesens ist Friedrich Wilhelm Raiffeisen zu danken. Heute bilden in Deutschland ca. 260 Winzergenossenschaften die stabile Grundlage dafür, daß mehr als 60.000 Mitglieder auf ihrem meist sehr kleinen Besitz erfolgreich Weinbau betreiben können. Ihre wirtschaftliche Bedeutung ist beträchtlich; immerhin erzeugen sie auf etwa einem Drittel der Gesamtertragsrebfläche von 100.000 ha auch rund ein Drittel der deutschen Weine.

Da ohne gediegene Ausbildung zumindest der Fachkräfte auf Dauer ein qualitätsorientierter Weinbau undenkbar war, wurden in einem kurzen Zeitraum bedeutende Bildungseinrichtungen geschaffen, die auch forschten und züchteten und so die Lernenden mit dem jeweils modernsten Wissen und Können ausstatten konnten. Die Akademie in Weinsberg in Württemberg machte 1860 den Anfang. 1872 wurde in Geisenheim durch Eduard von Lade, einen namhaften Bürger dieser Stadt, die Königliche Lehranstalt für Obst- und Weinbau gegründet, heute eine der drei weltweit führenden Lehr- und Forschungsstätten ihrer Art. 1885 entstand die Hessische Weinakademie in Oppenheim, 1899 als Gründung von Bürgern aus Neustadt an der Weinstraße eine Weinbaufachschule für die Pfalz und 1902 eine Akademie an der Nahe. In Österreich wurde 1860 in Klosterneuburg die erste Lehr- und Forschungsanstalt für Weinbau gegründet, der u. a. die 1872 von Hermann Goethe ins Leben gerufene Einrichtung in Marburg an der Drau folgte.

Nahezu zeitgleich wurden staatliche Weinbaudomänen geschaffen, die als Musterbetriebe auf hohe Qualitätsstandards verpflichtet waren und bei der Anwendung neuester wissenschaftlicher Erkenntnisse eine Pionierrolle spielten. 1802 entstand in Meersburg am

Bodensee die erste Domäne, der wenig später die Bayerische Staatsdomäne in Würzburg folgte. Die heute bedeutendste und größte staatliche Weinbaudomäne und gleichzeitig das größte Weingut Deutschlands – die Hessischen Staatsweingüter Kloster Eberbach – ist aus den Besitzungen des 1136 gegründeten Zisterzienserklosters entstanden, die über den Rheingau verstreut waren. Diese waren nach der Säkularisierung 1803 zunächst Domäne der Herzöge von Nassau, bevor sie 1866 nach der Besetzung des Rheingaus durch Preußen königlich preußische Weinbaudomäne wurden und bis 1945 im preußischen Staatsbesitz blieben.

Eine Erfindung, deren Bedeutung für das Denken und Handeln im Weinbau kaum hoch genug bewertet werden kann, war die von dem Pforzheimer Goldschmied und Mechaniker Christian Ferdinand Oechsle (1774–1852) nach 1825 entwickelte und nach ihm benannte Mostwaage. Bis dahin konnte man die Reife der Trauben und damit die voraussichtliche Güte des Weines nur anhand der Beeren- oder Samenfarbe oder der Klebrigkeit des Saftes abschätzen. An der Mosel wurde dafür nach einem bestimmten Rezept eine Weinsuppe mit Most bereitet. Schmeckte sie süß, war guter Wein zu erwarten. Natürlich waren solche Einschätzungen unsicher und subjektiv getrübt. Erste Versuche, bestimmte Qualitätsklassen zu definieren, führten zu höchst unhandlichen Systemen mit bis zu 65 Klassen wie in der Pfalz. Mit der Erfindung Oechsles konnte nunmehr ein in der Traube selbst liegendes Kriterium objektiv erfaßt werden: das Mostgewicht – gemessen in Grad Oechsle (°Oe) – und der daraus leicht zu ermittelnde Zuckergehalt. Trauben verschiedenen Reifegrades konnten jetzt zuverlässig unterschieden, getrennt geerntet und zu Weinen verschiedener Qualitäten ausgebaut werden. Dieses Kriterium bildet heute die Grundlage für die Einteilung der deutschen und österreichischen Weine – bei Festlegung bestimmter Mindestanforderungen – in drei Güteklassen und in Prädikate. In Österreich bedient man sich zwar seit Ende des 19. Jahrhunderts der von August Wilhelm von Babo entwickelten Klosterneuburger Mostwaage und mißt in Grad KMW, das Prinzip ist aber das gleiche. Es unterscheidet sich grundlegend von Qualitätssystemen, bei denen – wie etwa in Frankreich – unabhängig von der Ausprägung eines bestimmten Jahrgangs der Wein seine Zuordnung zu einer bestimmten Güteklasse ausschließlich durch seinen Standort erhält.

Es konnte kaum ausbleiben, daß man diese neue Bestimmungsmöglichkeit auch nutzte, um kleinen Weinen, die man ja nun exakt ermitteln konnte, mehr Rückgrat zu verleihen, zumal der dafür erforderliche Zucker erstmals kostengünstig aus Zuckerrüben gewonnen werden konnte. Ein ursprünglich von dem französischen Chemiker und Landwirtschaftsminister J. A. Chaptal entwickeltes Verfahren wurde ab Mitte des 19. Jahrhunderts in Deutschland in modifizierter Form angewandt: Dem Most wurde Zucker zugesetzt, durch dessen Vergärung der geringe natürliche Alkoholgehalt erhöht werden konnte.

### Eine Katastrophe als Triebkraft

Mit all den beschriebenen Maßnahmen und Entwicklungen vollzog sich besonders im letzten Drittel des 19. Jahrhunderts ein allmählicher Übergang vom erfahrungsgeleiteten zum wissenschaftlich fundierten Weinbau. Dies betraf die Arbeit im Keller ebenso wie die im Weinberg. Die Kellerwirtschaft und der sorgfältige Ausbau der Weine wurden durch verstärkte Einführung der Technik modernisiert und vervollkommnet. Den Werdegang des Weines – von der Wandlung des Mostes bis zum trinkfertigen Wein – überließ man immer weniger dem Zufall. Seinen ganzen Entstehungsprozeß zum sauberen, harmonisch schmeckenden Genußmittel legte man mehr und mehr in die Hände geschulter Kräfte. Im Weinberg gab es Fortschritte in der Düngung und in den Erziehungsformen der Rebstöcke, die den Arbeitsabläufen besser angepaßt wurden und Durchlüftung und Lichtzutritt förderten. Das entscheidende Moment war aber der umfassende Übergang vom gemischten zum reinen Satz. Diese von den Brüdern Goethe nachdrücklich geforderte und geförderte Umstellung kann in ihrer Bedeutung für den modernen Qualitätsweinbau nicht hoch genug gewürdigt werden. Am augenfälligsten wird sie vielleicht am Extrembeispiel, das Wilhelm Hamm in seinem „Weinbuch" (1865) gibt, indem er – für Niederösterreich, aber ohne weiteres verallgemeinerbar – feststellt: „Der Rebsatz ist außerordentlich gemischt; man hat in einzelnen Weingärten schon über 40 verschiedene Traubensorten gefunden! Daraus kann freilich nur ‚Kutscher' gewonnen werden." (S. 160)

Bemerkenswert ist, daß eine Katastrophe diese Umstellung erleichterte und zugleich der züchterischen Arbeit völlig neue Impulse gab. 1874 wurde in Deutschland zum ersten Mal die um 1860 aus Nordamerika nach Europa eingeschleppte Reblaus (Phylloxera vitifolii) festgestellt, die in der Folge an den wurzelechten Europäerreben verheerende Schäden anrichtete, indem sie deren Wurzeln anbohrte und der Rebe die Nährstoffe entzog. Alle kurativen Bekämpfungsmaßnahmen waren letztlich vergebens. Der europäische Weinbau war in seiner Existenz bedroht. Es gab nur eine Lösung, die die Brüder Goethe – gemeinsam mit anderen wie dem Franzosen Laliman und dem Österreicher Karl Vetter – frühzeitig und klar erkannten, leidenschaftlich propagierten und organisierten und züchterisch förderten: Europäer-Edelreiser mußten auf Amerikaner-Unterlagen aufgepfropft werden, da diese an der Wurzel, jene am Blatt reblausresistent sind. Dazu mußten aber erst die Unterlagssorten gefunden werden, die an die einheimischen Weinbergsböden am besten angepaßt sind. Rudolph Goethe erreichte dies durch Sämlingszüchtung aus der nordamerikanischen Wildrebe Vitis riparia. Außerdem sammelte er alle damals verfügbaren Unterlagssorten, pflanzte sie in Versuchsanlagen und schuf aus Kombinationen des Erbgutes amerikanischer Wildreben und erprobter Kultursorten neue Unterlagen. Die Unterlage „Geisenheim 26“ ist noch heute in der Sortenliste eingetragen. Und die frühreifende Unterlage „Riparia 1 Geisenheim“, eine von R. Goethe aus Samen selektierte Form der Wildrebe Vitis riparia, hat in der Anfangszeit erfolgreich zum Wiederaufbau der zerstörten Weinberge in den Rieslinganbaugebieten Preußens beigetragen. Analoges leistete Hermann Goethe für den Weinbau in Österreich.

Da die Weinberge ohnehin gerodet werden mußten, um sie von den verseuchten Rebstöcken zu befreien, wurde dies genutzt, sie anschließend mit Pfropfreben – europäisches Edelreis auf reblausresistenter amerikanischer Wurzelrebe – im reinen Satz, also mit nur einer Sorte pro Areal, wiederaufzupflanzen.

Im Zusammenhang mit diesem neuen, „sortenorientierten“ Denken gewannen die richtigen Bezeichnungen der Sorten, ihre genaue Bestimmung bzw. Beschreibung und das Vermeiden von Verwechslungen immer größere Bedeutung. Die 1873 in Wien gegründete „Internationale ampelographische Commission“, deren Geschäftsführer Hermann Goethe war, ermittelte 1874 immerhin 355 „wirkliche Varietäten“; die 288 wichtigsten Sorten waren unter ca. 1.500 verschiedenen Namen bekannt. Sie sollten einheitlich durch den Hauptnamen im wichtigsten Verbreitungsgebiet jeder Sorte ersetzt werden. Im wesentlichen wurde das zwar befolgt, aber in einzelnen Regionen werden heute noch alte Bezeichnungen benutzt. Wie schwierig es war, hier Ordnung zu schaffen, zeigen schon die im „Atlas“ aufgeführten zahlreichen Synonyme. H. Goethe führte die Klärung mit seinem „Handbuch der Ampelographie“ dann auf eine neue Stufe.

Wenn es auch heute möglich ist, Sorten mit Hilfe molekularbiologischer Methoden direkt aus Holz- oder Blattproben zu bestimmen, so kommt man trotzdem noch nicht ohne die von den Brüdern Goethe geschaffenen Grundlagen aus: die Vergleichsproben, die man zur Bestimmung heranziehen muß, werden von bekannten Rebsorten genommen, die vorher ampelographisch, also sortenkundlich, auf ihre Richtigkeit geprüft wurden.

### Die Rebsorten des „Atlas“ heute

Den Weinfreund wird interessieren, welche Rolle die im „Atlas“ der Brüder Goethe dargestellten Sorten heute im Weinbau, vor allem Österreichs und Deutschlands, spielen. Wir geben deshalb im folgenden zu den einzelnen Sorten eine Reihe zusätzlicher Informationen.

Daß sich Verbreitung, Anbaufläche und Bedeutung der Sorten so und nicht anders entwickelt haben, ist nicht zum wenigsten dem „Atlas“ zu danken. Seine bis heute unverändert gültigen präzisen Beschreibungen der Eigenschaften und Ansprüche der Rebsorten waren eine entscheidende Grundlage für die zukunftsichernde Auswahl der richtigen Rebsorte am jeweils gegebenen Standort, was es zugleich ermöglichte, das in den Sorten liegende Qualitätspotential immer besser auszuschöpfen.

Blauer Portugieser

Eine Abstammung der Sorte aus Portugal gilt als zweifelhaft. Um 1840 wurde sie von Johann Philipp Bronner nach Deutschland eingeführt und entwickelte sich durch ihre Ertragssicherheit und frühe Reife sehr schnell zu einer bei den Winzern begehrten neuen Sorte. Heute sind 4.878 ha in Deutschland, überwiegend in der Pfalz und in Rheinhessen, und über 3.000 ha in Österreich um die Ursprungsgebiete Bad Vöslau und Baden mit dem Portugieser bestockt. Die Weine sind zart, mild, duftig und frisch und im Vergleich zu anderen Sorten recht samtig und nicht belastend. Die österreichische Rotweinregion von Vöslau gehört schon zum pannonischen Florengebiet und bringt sehr reife, kräftige Portugieser-Weine.

### Roter Gutedel

Diese Rebsorte wird in vielen Weinbauländern heute noch als Tafeltraube sehr geschätzt. Ihre Verwendung als Keltertaube ist stark rückläufig. In Deutschland gilt sie als eine Spezialität des Markgräflerlandes; ausschließlich dort sind die noch im Anbau vorhandenen 50 ha zu finden. In der österreichischen Anbaustatistik wird die Sorte nicht mehr geführt. Die Weine sind oft bukettarm und besitzen aufgrund der geringen Säure wenig Frucht.

### Gelber Muskateller

Die sehr hohen Lageansprüche und die späte Reife begrenzen den Anbau in Deutschland auf die südlichen Regionen. Die kleine Fläche von 83 ha verteilt sich auf die Anbaugebiete Baden, Württemberg und die Pfalz. Der Gelbe Muskateller liefert oft hochgradige, ausdrucks- und charaktervolle Weine mit einschmeichelndem Aroma. Sie sind bukettreich, mit viel Frucht und Würze. Auch in Österreich spielt die Sorte nur eine untergeordnete Rolle. Sie wird auf ca. 140 ha, überwiegend in der Südsteiermark, angebaut. Die Weine besitzen hier ein ausgeprägtes Muskatbukett, sind körperreich und lange lagerfähig. Weitaus stärker verbreitet ist die Sorte in Italien (12.000 ha), Frankreich (4.700 ha) und Griechenland (2.200 ha).

### Blauer Burgunder

Der Blaue Spätburgunder, wie er in Deutschland genannt wird, ist sicher eine sehr alte Sorte, was nicht allein seine frühe Erwähnung in Frankreich und Deutschland beweist. Zahlreiche Spielarten der sogenannten Burgundergruppe sprechen für eine lange Entwicklung des Burgunders. Neben dem Weißen und dem Grauen Burgunder (Ruländer) ist auch die Müllerrebe eine Mutation aus dem Blauen Spätburgunder. Heute wie damals ist dieser eine der wichtigsten Rotweinsorten des gemäßigten Klimas. Das Attribut „König der Rotweine“ bringt die dem Riesling bei den Weißweinen vergleichbare Bedeutung der Sorte zum Ausdruck. Der derzeitige Rotweinboom sorgt für einen immer noch stark zunehmenden Anbau in allen deutschen Weinbaugebieten. Die Gesamtanbaufläche beträgt momentan 8.643 ha. Davon stehen über 50 % in Baden. Ein beachtlicher Teil findet sich auch in der Pfalz und in Rheinhessen wie auch in Württemberg, im Rheingau, an der Ahr, in Franken, an der Nahe und neuerdings auch an der Mosel. Auch in Österreich gewinnt die Sorte – hier heißt sie Blauburgunder – an Bedeutung und wird auf 480 ha angebaut. Die Weine sind leuchtend rubinrot gefärbt und haben ein eigenständiges, sortentypisches Bukett, das in jungen Jahren an Brombeeren erinnert. Reife und delikate Säure machen die Weine lange lagerfähig. Beliebt sind auch die lachsfarbenen, fruchtig-frischen Weißherbste oder deren Schaumweine. Frankreich ist mit 22.000 ha das Hauptanbaugebiet dieser Rebsorte.

### Weisser Welschriesling

In Österreich die dritthäufigste Rebsorte, mit der über 5.150 ha – knapp 9 % der Rebfläche des Landes – bestockt sind. Ihre größte Verbreitung hat sie im Burgenland, in Falkenstein und in der Steiermark. Sie liefert in der Regel frische Weine mit schöner Säure und fruchtigem Bukett, auch wenn sie nicht das Format des Weißen Rieslings erreichen. Der Welschriesling ist ein charaktervoller und vielseitiger Weißwein mit einer großen Qualitätsspanne. Im Burgenland werden einige höchst delikate Beeren- und Trockenbeerenauslesen aus ihr erzeugt. Die Weine werden vielfach jung getrunken. In guten Jahrgängen mit entsprechender Traubenreife weisen sie auch eine feine Würze und eine ausgezeichnete Lagerfähigkeit auf. In Norditalien ist der Welschriesling unter dem Namen Riesling Italico sehr verbreitet (2.100 ha). Hier bringt er frische und meist vollmundige Weine hervor. Auch in Südosteuropa, besonders in Ungarn, Rumänien, Bulgarien, Slowenien und Kroatien, ist der Welschriesling eine beliebte Rebsorte.

### Ruländer

Die Hauptanbaugebiete des Ruländer sind in Deutschland zu finden. Zusammen stehen hier 2.637 ha im Ertrag. Den größten Anteil besitzt Baden, dort im Bereich Kaiserstuhl, aber auch in der Pfalz, in Rheinhessen und an der Nahe ist die Sorte geschätzt. Die Rebe kann sehr unterschiedliche Weine hervorbringen. Bei einer frühen Lese von gesunden Trauben ergeben sich leichte, spritzige Weine mit einem delikaten, unaufdringlichen Sortenbukett. Diese Art von Wein ist durch den aus Norditalien eingeführten Pinot Grigio – so der italienische Name für den Ruländer, von dem dort 2.200 ha im Anbau stehen – in Deutschland in Mode gekommen. Deutsche Winzer bringen diese leichten Sommerweine unter der ebenfalls zugelassenen Sortenbezeichnung Grauer Burgunder auf den Markt. Bei einer späten Lese, meist in Verbindung mit Botrytis, sind die Weine vollmundig und wirken häufig schwer, alkoholreich, säurearm und mitunter ölig. In Österreich sind 412 ha mit Ruländer bestockt, insbesondere im Burgenland und in der Steiermark.

### Blauer Trollinger

Die unbestritten führende Rotweinsorte Württembergs mit 2.530 ha Ertragsrebfläche – sonst in Deutschland praktisch nirgendwo anzutreffen (außer 5 ha im unmittelbar angrenzenden Bereich Badische Bergstraße/ Kraichgau) – stellt das Nationalgetränk der Schwaben dar. Die Sorte stammt aus Südtirol, wo sie unter dem Namen Groß-Vernatsch bzw. Schiava Grossa bekannt ist und auf einer Fläche von 3.400 ha angebaut wird. Die Weine sind oft leicht, hellrot und dank ihrer deutlichen Säure von einer frischen, rassigen, herzhaften Art. Sie sind als gute schwäbische „Viertelesweine" fruchtig, süffig und leicht bekömmlich.

### Krachgutedel (Weisser Gutedel)

Ertragreiche Rebsorte, deren Weine in der Regel höchst ansprechend und mitunter ausgezeichnet sind. Die in Deutschland angebauten 1.198 ha befinden sich zu 98 % im Markgräflerland, wo der Weiße Gutedel die führende Rebsorte ist und gern als Schoppenwein konsumiert wird. In der Westschweiz, deren Weißweine nahezu ausschließlich aus dieser Sorte bereitet werden, heißt sie Chasselas. In Österreich findet sie als Keltertraube kaum noch Verwendung. Die Sorte bringt zumeist angenehm zu trinkende, mitunter feinwürzige, keineswegs säurebetonte Schoppenweine hervor. Die hellgelb im Glas stehenden Weine sind wegen ihres geringen Alkoholgehaltes sehr bekömmlich. Auch als Tafeltraube erfreut der Weiße Gutedel heute noch viele Kleingärtner und Hobbywinzer durch seine wohlschmeckende Frucht.

### Müllerrebe

Diese Rotweinrebe ist eine starkbehaarte Mutation des Blauen Spätburgunders. Am auffallendsten ist die dichtfilzige, weiße Behaarung der Triebspitze. In Deutschland wird die Sorte auf 2.289 ha vorwiegend in Württemberg und Nordbaden angebaut. Dort heißt sie auch Schwarzriesling und ist Bestandteil des ausschließlich in Württemberg produzierten Schillerweins, eines Verschnitts aus Weiß- und Rotweintrauben oder deren Maische. In kleinem Umfang wird sie auch noch in Österreich angebaut. Sortenrein ausgebaut sind die rubinroten Weine fruchtig mit einem an Süßkirsche erinnernden Aroma. Sie erreichen nicht die Tiefe des Spätburgunders und besitzen eine markante Säure. Die größte Anbaufläche findet sich in der Champagne mit 10.000 ha, wo die Traube weiß abgepreßt zusammen mit den Sorten Spätburgunder und Chardonnay den Grundstock für den Champagner liefert.

### Roter Traminer

In den Verordnungen der Landesherren gehörte er schon im 18. Jahrhundert zu den besonders gewünschten Rebsorten und stand mit dem Riesling und einer reichtragenden Sorte meist im gemischten Satz. Der Rote Traminer, auch Gewürztraminer genannt, gehört zur Spitzengruppe der großen Weißweine der Welt. In Deutschland wird er auf 848 ha angebaut, überwiegend in der Pfalz, in Baden und in Rheinhessen. In Österreich steht er auf einer Fläche von 480 ha. In der Ortenau hat sich bis heute der Name Clevner erhalten. Er gedeiht dort gut auf den heißen Granithängen. Die Weine zeichnen sich durch ein besonderes Bukett, verbunden mit Körper und zarter Säure, aus. Auch die Pfalz hat eine alte Traminertradition. Füllige, kräftige, duftige Weine gibt es von tiefgründigen Böden. Es gehört zum guten Brauch renommierter Betriebe, mit edlen Gewürztraminern zu brillieren. In den nördlichen Rieslinggebieten findet sich die Rebsorte weniger häufig. Traminer gehören nicht zu den Zechweinen. Die fein differenzierten, extraktreichen Weine weisen einen an Wildrosen erinnernden Duft auf, bestechen mit Würze und sind daher Weine zum Genießen.

### Grüner Silvaner

Mit dem Silvaner begann die moderne Selektion im Weinbau. 1876 legte Gustav Adolf Froelich in Edenkoben in der Pfalz die praktischen Grundlagen der Klonenselektion, indem er Nachkommen besonders leistungsfähiger Rebstöcke getrennt vermehrte und feststellte, daß sie die positiven Leistungsmerkmale beibehielten. Dies ist heute noch die Grundlage der Erhaltungszüchtung. Der Grüne Silvaner nimmt seit je unter den deutschen Weißweinsorten eine hervorragende Stelle ein. Er ist aber in den letzten Jahrzehnten zugunsten früher reifender, ertragssicherer Sorten in den Hintergrund getreten. Bis 1965 behauptete er mit 28 % der deutschen Rebfläche seinen angestammten ersten Platz, wurde dann aber vom Müller-Thurgau verdrängt. Derzeit sind in Deutschland 6.859 ha und in Österreich lediglich 62 ha im Anbau. Silvanerweine waren lange Zeit für die großen Weinbaugebiete Pfalz und Rheinhessen typisch. Der Ruhm der Frankenweine wurde mit dem Silvaner begründet. Ein Lob des Silvanerweines scheint fast unzeitgemäß, ist aber mehr denn je angebracht, denn er überrascht mit Feinheit, Frucht und Fülle.

### Blaue Zimmettraube

Diese Rebsorte hatte von jeher nur lokale Bedeutung und findet sich heute weder in der Anbaustatistik Österreichs noch Deutschlands. Wenige Rebstöcke der Blauen Zimmettraube finden sich noch in staatlichen Sortimenten.

### Weisser Mosler

Unter diesem Namen sucht man die Rebsorte in der neueren Literatur vergeblich. Heute heißt sie „Gelber Furmint“ und ist die bekannteste Weißweinsorte Ungarns. Weitere Anbaugebiete sind Kroatien, Slowenien und die GUS-Staaten. In Österreich war sie früher unter dem Namen Mosler bekannt, wird aber dort kaum noch angebaut. Im deutschen Weinbau war sie nie verbreitet. Die Weine sind robust, feurig und säurereich. Sie bilden den Grundstock für die berühmten Tokajer-Weine, die neben dem Furmint noch aus dem Lindenblättrigen (20–40 %) und dem Gelben Muskateller (5–10 %) bestehen. Tokajer wird nach einem ganz besonderen Verfahren erzeugt. Zu einem Gönczer Faß (136 Liter) mit neuem, trockenem Wein werden 2 bis 6 Bütten Trockenbeeren zugegeben. Dadurch werden alkoholbetonte Ausbruchweine von besonderer Süße und einer delikaten, likörartigen Qualität gewonnen, die ein enormes Alterungspotential besitzen.

### Früher roter Veltliner

Die frühreifende Tafel- und Keltertraubensorte mit rosafarbenen Beeren wird überwiegend in Österreich angepflanzt. Hier findet man sie auf einer Fläche von 750 ha vorzugsweise in Niederösterreich. In Deutschland wird sie unter dem Namen „Früher Roter Malvasier“ als lokale Spezialität auf 12 ha in Rheinhessen angebaut. Mit hohem Mostgewicht bringt die Sorte neutrale, meist weiche, wenig säurebetonte, extraktreiche Weine von strohgelber Farbe hervor.

### Weisser Burgunder

Die Ertragsrebfläche des Weißburgunders beträgt in Deutschland 2.396 ha und befindet sich vornehmlich in Baden, der Pfalz, Rheinhessen, an Nahe, Saale-Unstrut und in Sachsen. In Österreich wird die Sorte auf einer Fläche von 2.800 ha angebaut. Von dieser edlen Rebsorte werden Weine mit einer sehr großen Qualitätsspanne gewonnen. Die Qualitätsweine haben ein pikantes, an Apfel erinnerndes Aroma, sind geschliffen und von guter Struktur. Mit zunehmender Reife zeigt der Wein ein Mandelaroma und erinnert im Bukett an frisches Brot. Hohen Bekanntheitsgrad haben in Österreich die wuchtig-vollreifen, alkoholbetonten Beerenauslesen und Trockenbeerenauslesen aus dem Burgenland.

### Blauer Kölner

Der Blaue Kölner war in Deutschland nur vereinzelt und meist als Spaliertraube genutzt worden. Auch in der Steiermark wurde die Sorte wegen ihrer geringen Weinqualität sehr schnell durch andere Rebsorten ersetzt. Heute findet man sie nur noch in Rebsortimenten.

### Weisser Elbling

Der Elbling war einst weit verbreitet, war aber nie Bestandteil des österreichischen Rebensatzes. Mit dem Übergang zum reinen Satz schrumpfte die Anbaufläche in Deutschland auf einige Rückzugsgebiete in den Bereichen Obermosel, Moseltor und Zell/Untermosel. Ein paar Hektar Elbling gibt es auch noch im Saale-Unstrut-Gebiet. Die bestockte Rebfläche blieb in den letzten Jahren ziemlich konstant bei 1.043 ha. In Luxemburg stehen 250 ha im Ertrag. Der Weiße Elbling ist eine ergiebige, anspruchslose und nicht sehr hochwertige Weißweinrebe. Sie liefert einen einfachen, leichten, fruchtigen, aber neutralen Wein, dessen mitunter dominierende Säure ihn zu einem beliebten Grundwein für Sekt macht. Als Stillwein ausgebaut ergibt er einen hellgrün-gelblichen unkomplizierten Wein für jeden Tag.

### Blaue Kadarka

Sie gilt wohl zu Recht als die berühmteste Rotweinrebsorte Ungarns. Im Etikett führen die Weine hier den Namen dieser Rebe und die regionale Herkunftsbezeichnung, zum Beispiel *Villányi Kadarka, Gyöngyosi Kadarka* oder *Egri Kadarka*. Diese Rebsorte ist auch, zusammen mit dem Cabernet Sauvignon und anderen Sorten, in dem berühmtesten ungarischen Rotwein enthalten, dem Erlauer Stierblut *(Egri Bikavér)*. Die vermutlich aus

Makedonien stammende Rebsorte ist außer in Ungarn auch in Bulgarien und Rumänien sehr verbreitet und wird ferner in Kroatien, Slowenien, Albanien und auf wenigen Hektar im österreichischen Burgenland angepflanzt. Im deutschen Weinbau war sie nie beheimatet. Die Weine sind aromatisch duftend, etwas an Burgunder erinnernd, voll, samtig und rubinrot.

### Weisser Riesling
Eine der bemerkenswertesten und wertvollsten weißen Rebsorten und mit 22.350 ha die meistangebaute Rebsorte Deutschlands. Heute ist die Rieslingrebe, abgesehen von Deutschland und Österreich, im Elsaß, in der Schweiz, in Norditalien, in Tschechien, in Jugoslawien, aber auch in Chile, in Südafrika, in Nordamerika, Australien und anderen Regionen verbreitet. Überall liefert sie gute Weine, doch aus relativ kühlen Anbauzonen mit langer Reifezeit und von schieferhaltigen oder Urgesteinsböden kommen ihre besten und vollauf bemerkenswerten Weine. In Österreich sind 1.500 ha mit ihr bestockt, und die bekanntesten Weine der Wachau, von Krems, Langenlois und aus Wien stammen – neben dem Grünen Veltliner – in der Regel aus der Rieslingrebe.
In Deutschland steht sie auf knapp einem Viertel der Rebfläche, darunter alle ausgezeichneten Lagen von Rheingau und Mosel-Saar-Ruwer. Ferner findet man sie in den besten Lagen von Rheinhessen und der Rheinpfalz sowie in den Spitzenlagen Frankens, Württembergs, Badens und in geringem Umfang auch an Saale-Unstrut und in Sachsen. In allen deutschen Anbaugebieten übertrifft sie in guten Lagen die anderen Weißweinsorten an Qualität um Längen. Die Weine sind rassig, lebendig, frisch und elegant und von fruchtiger Säure gekennzeichnet. Vom Riesling sind, je nach Jahrgang, Lage und Lesezeitpunkt, alle Qualitätsstufen vom einfachen Qualitätswein bis zur bernsteinfarbenen Trockenbeerenauslese möglich.

### Blauer Wildbacher
Diese Rotweinsorte wird fast ausnahmslos zu Schilcher, einer lokalen Roséweinspezialität der westlichen Steiermark im Süden Österreichs, verarbeitet. Sie erfreut sich dort wieder zunehmender Beliebtheit. Die Anbaufläche stieg von 230 ha im Jahr 1990 auf zur Zeit 480 ha. Je nach Lage und Bodenart sind die Weine zwiebelfarben, rötlich schillernd bis hellrubinrot. Ihr Geschmack ist leicht grasig, fruchtig, spritzig, immer mit einer kräftigen Säure. In der Regel werden sie schon im Jahr nach ihrer Ernte zwischen Februar und Juli getrunken.

### Gelber Ortlieber
Diese Sorte hatte sehr schnell einen negativen Ruf als Massenträger. Die Qualität der Weine war überwiegend gering, sehr dünn, ausdruckslos, ohne Bukett und noch dazu von geringer Haltbarkeit. Die reichtragende, aber sonst sehr empfindliche Sorte ist heute nur noch in einigen Sortimenten zu finden.

### Früher blauer Wälscher
Diese Rebsorte, heute unter dem Namen Laska eingetragen, stellt nur geringe Ansprüche an die Lage und ist relativ frühreifend; sie liefert einen milden, säurearmen, nicht zu herben, hellrubinfarbigen Tafelwein. Zu Zeiten der Brüder Goethe überwiegend im gemischten Satz in allen Weinbaugebieten Deutschlands und Österreichs angebaut, verlor sie durch das Aufkommen des Blauen Portugiesers an Bedeutung. Geringe Bestände finden sich noch in der steirischen Weinbauregion und in Kroatien.

### Roter Veltliner
Mit nur 310 ha eine vom Aussterben bedrohte Weißweinsorte in Niederösterreich, die offensichtlich nichts mit dem Frühroten Veltliner und dem Grünen Veltliner gemein hat. Die Qualität der Weine ist sehr schwankend und meist auch von der Bodenart, auf der die Sorte gepflanzt ist, abhängig. Auf leichten, steinigen Böden können die Weine recht belanglos und eher dünn sein. Wenn aber beste Bedingungen vorliegen, kräftige Böden in guten Lagen, ergibt diese Rebsorte einen extraktreichen, charaktervollen, langsam reifenden und lange lagerfähigen Weißwein von hervorragender Qualität.

### St. Laurent
Der St. Laurent gehört zweifelsohne zu den guten Rotweinsorten und wird dennoch nur in geringem Umfang angebaut – in Österreich auf 560 ha überwiegend im Burgenland. Dort bringt der St. Laurent tiefdunkle, samtige, gehaltvolle Rotweine von großer Konzentration. In den deutschen Weinbaugebieten finden sich 185 ha hauptsächlich in der Pfalz, Württemberg und in Baden. Die Weine sind von kräftiger, tiefroter Farbe, oft fruchtig-samtig, in manchen Jahren säurebetont, mit feinem Bukett und angenehmer Gerbstoffnote. Mit 1.900 ha besitzt Tschechien heute die größte Anbaufläche dieser Sorte.

Rotgipfler

Diese Weißweinsorte, deren Name von ihren roten Triebspitzen herrührt, wird nur noch in bescheidenem Umfang auf 150 ha in Österreich, vornehmlich in der Thermenregion um Gumpoldskirchen, angebaut. Die extraktreichen, fruchtigen, meist auch alkoholreichen Weine sind dort eine Spezialität. Häufig werden sie mit der Rebsorte Zierfandler verschnitten, reifen sehr langsam und erreichen die höchste Güte erst nach einigen Jahren Lagerung.

Blaufränkisch

Zweithäufigste österreichische Rotweinsorte mit 3.050 ha bestockter Rebfläche, die sich zum überwiegenden Teil im Burgenland befinden. Während auch aus dem Gebiet Rust-Neusiedlersee einige charaktervolle Blaufränkisch-Weine kommen, verdankt das Gebiet Eisenberg seinen Ruf diesen Weinen in ganz besonderem Maße. Sie sind farbintensiv, reich an Tanninen und bestechen durch ihre rassige Art. Das benachbarte ungarische Weinbaugebiet Sopron ist ebenfalls durch seine gehaltvollen und kernigen Weine des Blaufränkisch bekannt. Beachtenswerte Weine dieser Sorte gibt es auch in Deutschland; und obwohl sie hier den offiziellen Namen Blauer Limberger trägt, findet man auf den Flaschenetiketten nahezu ausschließlich die Bezeichnung Lemberger. Die Anbaufläche von 1.118 ha befindet sich fast ausnahmslos im Anbaugebiet Württemberg. Die Weine besitzen eine leicht ins Violett gehende, kräftige Farbe, sie sind feinfruchtig mit dezentem Brombeeraroma und angenehmer Gerbstoffnote und zählen zu den besten Rotweinen Württembergs. Die schwäbische Weinkarte kennt auch das Sortencuvée zwischen Lemberger und Trollinger. Daraus ergibt sich ein etwas leichterer, saftiger Rotwein mit angenehmer säuerlicher Frische.

Roter Zierfandler

Zählt heute zu den Raritäten im österreichischen Weinbau und am Comer See. Die weiße Rebsorte, deren Beeren sich bei Erreichen der Hochreife auf der Sonnenseite rötlich verfärben, wird wie der Rotgipfler in der Thermenregion um Gumpoldskirchen angebaut und nimmt dort auch eine vergleichbare Fläche ein. Die Weine sind hochwertig mit viel Extrakt, alkoholreich, mit fruchtiger Säure und feinem sortenspezifischem Fruchtbukett. Der klassische Ausbau erfolgt aber im Verschnitt mit dem Rotgipfler. Die Trinkreife wird oft erst nach mehrjähriger Lagerung erreicht.

Vergleicht man die Beschreibungen der einzelnen Sorten, so erkennt man eine deutliche Differenzierung: Eine Reihe Qualitätssorten erlangten eine weite Verbreitung und werden auf großem Flächenanteil angebaut; einige Sorten blieben als lokale oder regionale Spezialitäten erhalten, während andere als Ertragsrebsorten nicht mehr nachgefragt wurden und heute fast nur noch in Genbanken vorhanden sind. Sie alle gehören – wie auch zahlreiche spätere Neuzüchtungen – zur Kulturgeschichte des Weines und bilden die Grundlage für den Reiz und eine Vielfalt dieses ehrwürdigen Getränkes, wie wir sie bei keinem anderen Lebens- und Genußmittel finden.

Literatur (Auswahl):

Ambrosi, Hans, et al.: Farbatlas Rebsorten. 2. erw. Aufl., Stuttgart 1998

Galet, P.: Cépages et Vignobles de France. Montpellier 1990

Goethe, H.: Handbuch der Ampelographie. 2. Aufl., Berlin 1887

Hamm, Wilhelm: Das Weinbuch. Leipzig 1865

Müller, Karl (Hrsg.): Weinbau-Lexikon. Berlin 1930

Robinson, Jancis: Rebsorten und ihre Weine. Bern und Stuttgart 1995

Viala, P., Vermorel, V.: Ampélographie. Band 1–7, Paris 1909